アクロポリスよりペイライエウス(中央やや左，海に突き出た丘陵部分)の方向を見る．右手洋上の島影はサラミス島．

内山勝利
Katsutoshi Uchiyama

プラトン『国家』

逆説のユートピア

書物誕生

あたらしい古典入門

岩波書店

目次

装丁＝森　裕昌

一、プラトン『国家』からの引用は、岩波文庫所収の藤澤令夫訳によった。引用個所は、慣例に従いステファヌス版の頁付と各頁をおよそ一〇行ごとに区分したA—Eの記号とで、示してある(本書第I部第三章参照)。また必要な場合にのみ巻数をも表示した。
二、その他の著作からの引用は拙訳による。
三、古代の固有名詞については母音の長短は区別せず、音引は省略した(例、「プラトーン」ではなく「プラトン」)。

プロローグ

長大な議論展開、その重層性

『国家』は全一〇巻から成る。プラトンの全著作の中でも、最晩年の『法律』全一二巻とともに、抜きん出た大作であり、これら二作だけで、全体四〇篇ほどのうち四割近くを占めている。当時の著作は水辺植物のパピュロス(パピルス)を素材とする巻紙(標準的には縦横三十センチくらいの「葉《よう》」を継ぎ足して、長さ十数メートルとする)に書写され、一定の限度の長さで一巻き(すなわち一巻)とされた。『国家』は文字どおり一〇本のロールを成していたわけであるが、その区切りは必ずしも目次構成的なそれに対応していない。さらに言えば、この巻分けは著者プラトンの意向とは無関係に、後代において、おそらくはアレクサンドリア時代になされたものであろう。英語圏では今日も広く読まれている英訳『国家』(一九四一年)を手がけたF・M・コーンフォード(一八七四―一九四三)は、元の巻立てを離れて独自の分節化を試みた目次を付している。それを見ると、第二巻冒頭から第七巻末までは、目次区分とパピュロスの切れ目がまったく一致せず、議論はいつも巻をまたいでつづけられていることが分かる。少なくともこの部分はパピュロスごとに纏めて区切りをつけることがむずかしいほど議論が一気呵成に、しかも自由闊達に進められている、ということであろう。その中心部分にあたる哲学論や哲学者教育論などは、後から追加充実を図ったものとも考えられているが、それらも含めて全体が有機的に一体化した展開となっている。

本書の第I部では、「哲学」という学の確立と『国家』という著作成立とに至るプラトンの生涯、「対話篇」というスタイルの意味するもの、この著作の伝承過程の諸相を概観したのち、第II部では、『国家』第一巻の導入的な議論と、この第二巻から第七巻までの長大な一連の議論を、主として理想的な国家建設という枠に沿ってたどることを試みた。むろん、それは『国家』に盛り込まれた重層的な内容のわずかな一面をすくい上げることにしかならないだろう。ここには同時並行的に、真のわれわれ自身である魂のあり方が国家と類比的な構造をなすものとして論じられ、また当初からの主題である正義論、すなわち正義の本質を問うとともに、正義と幸福(善き生)とが一致することを明らかにする議論が、相互に絡み合いながら展開されている。しかも、それらのいずれに大きな関心を寄せるかによって、議論は別のかたちで見えてくることもありえようし、個々の論点も異なった意味と比重を持ってくるだろう。あるいはまた読むたびに新たな発見にも出会うにちがいない。

むろん、すぐには納得できない事柄も多く、場合によっては反発を覚えるような主張もしばしばなされることだろう。ソクラテスは、ときに意図してわれわれを挑発し、またときには突き放すようにして、それによってわれわれの思考を揺り動かし、さらなる思考を促す。彼はけっしてもの分かりのいいことは言わない。アイロニー(空とぼけ)にくるみながらも、つねにその内実は手きびしい。そのために、この書をめぐる誤解・誤読も重ねられてきたことは否めない(第I部第四章を参照されたい)。国政の全権が一人ないし複数の「哲人王」に委ねられるという根本方針は、最も異論の多い論点でもあって、しばしばその国制は独裁制と同一視されてきた。国家全体は世襲的なカースト制度によって支配社会層が被支配者たちを抑圧管理し、その制度を維持するために、国民を生まれによって三つの種族に区別する建国神話まで作り上げているのではないか。この国で行われる初等国民教育は、きびしい検閲によって国家に好都合な内容の文藝作品ばかりを許容し、国民を幼児期から統制しようとしているのではないか。——ソクラテスはけっしてそんなことを言ってはいないが、あたかも誤読を誘発させようとするかのように、そうした事柄にもきわどく接近しながら、「理想的」なモデルとしての国家が究極的にあるべき姿に明瞭な輪郭を与えようとしている。

ともあれ『国家』を手に取り、彼の対話の場に居合わせるようにして、直接その議論に触れてみることだ。困難な議論にたくみに誘い込むソクラテスに乗せられて、われわれもいつの間にか中身の濃い考察の中に立つことができるであろう。

『国家』と『ポリーテイアー』

『国家』というタイトルについて触れておきたい。その大元にあるのは『ポリーテイアー(Πολιτεία)』

というギリシア語名で、これは、むろん「ポリス」すなわち「国家」に関わる言葉として、その根幹に関わる多くのことを意味するが、プラトンの場合、基本的には国の根本体制のことを指していると考えてよかろう。ついでながら、古代ギリシアにおける国家(ポリス)は、今日の国民国家とは異なり、城塞(ポリス)を中心として集住する共同体で、今日でいえば小都市の規模が標準であった(いわゆる都市国家)ことは、念頭に置く必要があろう。プラトンは、のちの『法律』において、理想の国家規模として「土地保有者の数を五〇四〇」としている(第五巻 737E)。一から一〇までの数をすべて含む一九の因数を持つこの数は、国家運営上の諸事項を割り当てる便宜を考慮して決められたが、これが基本的に家族数であり、そこから割り出せば、下働きの下僕などを含めても、国家の総人口は数万人ということになろう。

『ポリーテイアー』という名が実際にプラトンによってこの著作に付されたものであることは、ほぼ間違いなさそうである。「タイトル」ということの意味合いが今日とは異なるところがあるにしても、すでにアリストテレスがその名で言及している(『政治学』第二巻第一章 1261a6 など)。それはキケロによって Res publica(レース・プーブリカ)というラテン語名に写された。「公共的なものごと」あるいは「公共体」の意であり、ほぼ「国家」に当たる。この名は、近現代の西欧にも広く受け継がれ、La repubblica(イタリア)、La république(フランス)などとして用いられている。英語圏でも同様に The Republic が最も通例のタイトルである。しかし、少なくともその英語には、キケロ的な原義は今日もはや残っていず、「共和国」という特定の体制のことを意味するのが一般的である。そのために、プラトンの『国家』にまさにこの邦題が付される誤りも生じた。それでもなお、ドイツにおいてDer Staat（文字どおりに『国家』）が通有しているのを例外として、それがタイトルとして広く行われているのは、「レース・プーブリカ」や、さらに「ポリーテイアー」の持つ理念としての国家本質という ニュアンスを表す適語が、他にないからであろう。その点では、邦訳名の『国家』は、広汎な原義のすべてを汲み尽くすことは不可能であるにしても、ある程度そのニュアンスを反映する奥行きを持ち得ているようにも思われる。あるいは、そのようなものとして解するべきだと言うことか。

第Ⅰ部
書物の旅路

政治と哲学、著述と対話

第一章　「哲学者」の誕生

プラトンをめぐる状況

ほぼ同時代の喜劇詩人エピクラテスによれば、プラトンはいつも気むずかしい顔ばかりしていたという(ディオゲネス・ラエルティオス『ギリシア哲学者列伝』第三巻二八節)。しかし、もしそうだったとしても、必ずしも「哲学」上の難解な問題を考え込んでいたからではなかっただろう。彼にとって、それより先に「いかに生きるべきか」をめぐって考えなければならないことが多々あった。

プラトン(前四二七―三四七)が生まれたのは、ペロポネソス戦争(前四三一―四〇四年)が始まって間もなくのことで、幼少期から青年期にかけては、スパルタとの断続的だが長い戦時下とそれにつづく敗戦後の混乱の中で過ごさなければならなかった。前四世紀のアテナイ(アテネ)にはやや復興のきざしもあったが、スパルタとの対立や新興勢力テバイの台頭などによってギリシアの政情不安はやむときがなく、また同世紀半ばからは、北方にマケドニアが軍事大国として強大化し、プラトンの晩年にはすでにギリシア本土全体の大きな脅威になろうとしていた。

そうした時代を生きたプラトンがもともと志していたのは政治の道だった。「自分が一人前になったら、ただちに国家公共の事柄(政治)に参画しようと思っていた」というのは、今日に伝わる彼の書簡の一節である(『第七書簡』324B)。当時のアテナイでは、国政への参加は正規に市民資格を認められた男性のみに限られていたとはいえ、その市民団による政治運営は、およそ史上に他例を見ないほどに徹底された自由と平等の原則によって行われていた。国会に相当する民会の場では、市民であれば誰しも自由に発言が認められ、多数の賛同者を得ればその意見が国政の方針を決定することになる。まさに彼ら一人ひとりが直接国家を担っていたのである。こうした時代にあっては、とりわけプラトンのように有力な家柄に生まれ、すぐれた資質に恵まれた人物にとっては、「男子一生の仕事」として国政指導者を目指すことは、むしろ当然の成り行きであった。周囲もまたそれを期待していた。

プラトンの父アリストンは、太古のアテナイ王コドロスにつながる家系に属し、また母ペリクティオネは、プラトン自身が著作の中でも言及しているように、「ソロンの身内であり友人でもあったドロピデス」(『ティマイオス』20E)に遡る血筋の名家の出身であった。ソロンとは、むろん前七世紀後半から六世紀初めに活動し、アテナイ民主制の基礎を築いた政治改革者のことである。母方の一族からはプラトンの時代にも何人かの有力政治家が輩出した。ペリクティオネの伯父のピュリランペスはアテナイ最大の政治指導者ペリクレス(前四九五頃—四二九)の側近のひとりであった(プラトンの父アリ

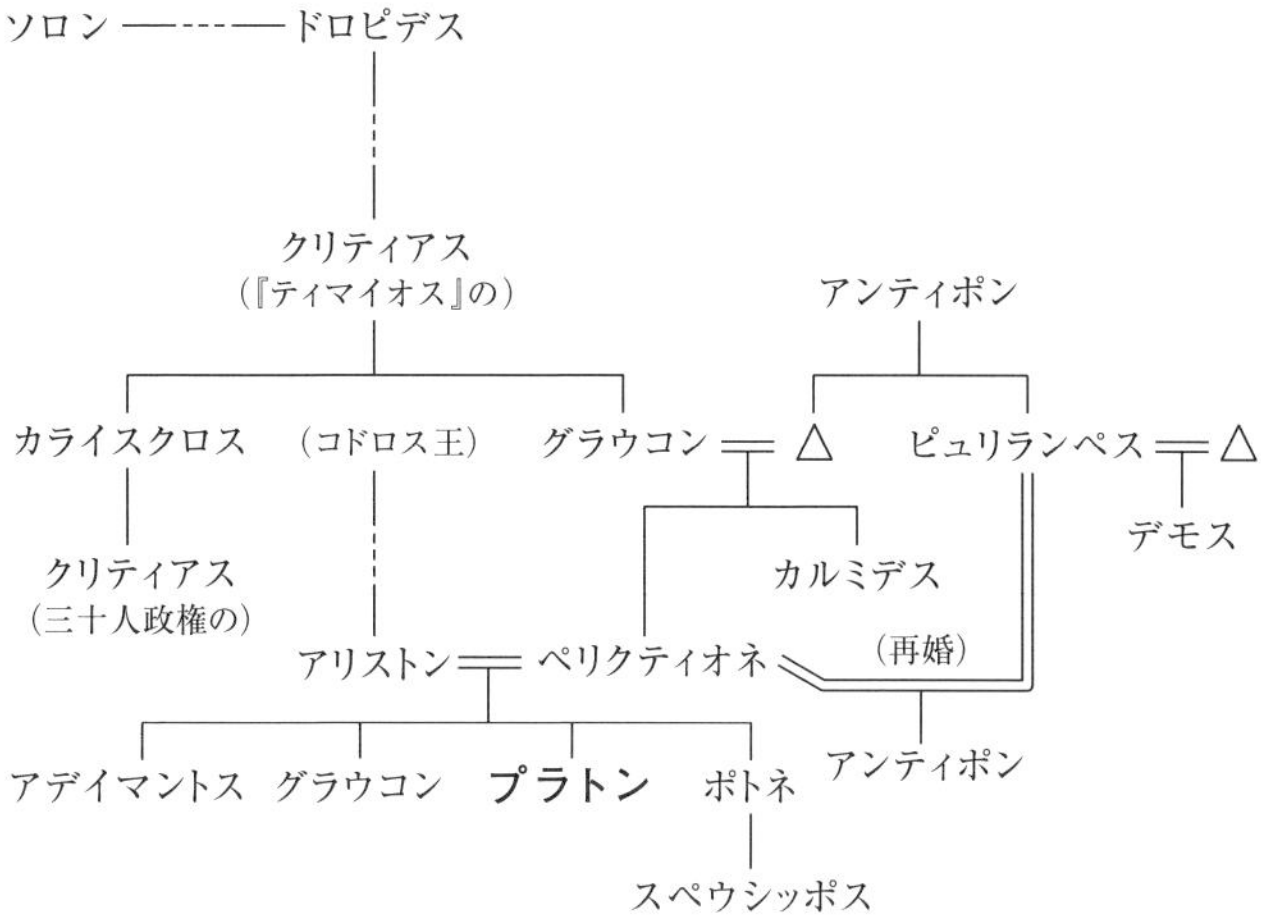

図1——プラトンの家系

ストンが早逝したため、のちにペリクティオネはその伯父と再婚している)。また彼女の兄弟のカルミデス、従兄弟に当たるクリティアスは、ペロポネソス戦争期後半から戦後に活動し、特にアテナイ敗戦直後に樹立された、過激な「三十人独裁政権」の中心人物だったことでよく知られている。高い理想を掲げた彼らの行動に、当初はプラトンも大きな期待をよせるが、政権は過激な独裁政治に奔って短時日の間に崩壊し、彼ら自身も内戦のさ中に斃れる(前四〇三年)。才気煥発な知識人として、プラトン「対話篇」にも登場する二人の悲惨な最期は、正しい政治のあり方を模索するプラトンに深い影響を与えた。

ソクラテスの死

そんなプラトンにまったく別の方向から影響を与え、抗《あらが》いがたい魅力で彼を引き寄せたのがソクラテス（前四七〇／四六九―三九九）であった。プラトンは早くから彼を見知っていたものと考えられる。『国家』において主たる対話相手を務めるアデイマントスとグラウコンは、彼の二人の兄である。しかし、両者の間はやはりソクラテス晩年の数年間に急速に濃密なものとなったのであろう。この風変わりな老人は、アテナイではほとんど例外的に国家公共の場に近づくことを極力避け通し、むしろ若者たちを相手に対話を交わして過ごすのを常としていた。常識や通念に惑わされずに各自の生き方の吟味を促すソクラテスの議論の様子は、やや理想化されたかたちにおいてではあれ、彼を主役に配してプラトンが書いた多数の「対話篇」のうちに窺うことができる。しかし、ペロポネソス戦争末期の状況の中では、ソクラテスにもやむを得ず政治的混乱に巻き込まれる事態が何度か生じ、ときには生命の危険にさらされるような場面にも遭遇した。この「政治嫌い」と思われた人物が、そうした中にあっても、愚直なまでに自分の正しいと思うところを断固として貫いていくのを目の当たりにして、プラトンは彼に対するより大きな関心を呼び起こされ、よりいっそう強く彼の言行に惹きつけられていったにちがいない。

そのソクラテスが、敗戦後の世情もやや治まった前三九九年、復興された民主制政権の下で裁判にかけられ、有罪判決を受けて処刑されるという事件が突発する。理由は不可解なものであったが、ソクラテスを国家にとっての危険人物と見なした有力政治家たちによる策動の結果であったことは明らかである。プラトンは、終生癒しがたいほどに激しい衝撃の中で、ついには現実政治全般に根本的な疑念を抱くようになる。その経緯は、さきに引用した『第七書簡』の引きつづく個所に苦い思いとともに詳しく語られている。そして、「はじめは国家公共の事柄にたずさわろうと逸《はや》る気持ちに満ち満ちていたわたしも、これらの事態を目にし、万事がすっかり転変してゆくさまを見ているうちに、ついには眩暈《めまい》をおぼえるに至り、こうした事態そのものについても国政全体についても、一体いかにすればよりよい状態になりうるかを考察することこそやめはしなかったが、実際行動については、あくまで好機を待つことにした」(『第七書簡』325E-326A)と述べているように、一旦は現実から一歩身を退いて、「正しい政治のあり方」の「考察」へと向かうことを、より先なる課題として選び取るのである。

内なるソクラテスとの対話——「初期著作」

プラトンがソクラテスを主人公とした「対話篇」を書き始めたのは、彼の死後間もなくのことだったと思われる。当初それは「ソクラテスの思い出」を書きとめるために最も適切なかたちとして始められたものだったかもしれないが、その作業はやがて生前のソクラテスの言行の意味するものを深く問い直し、あるいは内なるソクラテスに問いかけ、それによって著者プラトン自身の「いかに生きるべきか」という課題を考察するための最良の場となっていったと考えてよかろう。ほぼ一五篇を数える初期の「ソクラテス的対話篇」を一貫して共通しているのは、その時代のアテナイ社会に通念化していたものの考え方を代理するそのつどの対話相手が、ソクラテスの先鋭率直な問いかけによって自分の思いなし(ドクサ)の自己崩壊に追いこまれ、その再考を促されて終わるという展開である。

そこでは、さりげない会話の中から拾い上げられた何か特定の倫理的な問題が論じられているが、たえずその根底には、ソクラテスが裁判の場において、その真の係争点として彼自身の側から提起した問題、すなわち日常のルーティンを支えつつ「政治」として集約されている「現実の論理」と、端的に「善く生きる」ことを中核とした「愛知(哲学)の論理」との激しい対立が重ね合わされている。それは、とりもなおさず、政治的生——むろん「正しい」政治的生——を志していたプラトン自身が、ある種の対立をはらみつつ、ソクラテスに問いかけ、彼から突きつけられた「謎」を解くようにして、自らの歩むべき道を模索する営みであった。

『国家』のネガとしての『ゴルギアス』

一連の「初期(ソクラテス的)対話篇」の中でおそらく最も遅い時期に書かれ、とりわけ長大な作品である『ゴルギアス』は、いわばプラトンがそれまで重ねてきた過渡的思索の総決算的意味を持ったものと位置づけられよう。「弁論術とは何か」という問いを端緒にして、その技術の大成者で旧世代の教育的権威であるゴルギアス、彼の弟子で弁論術の現実的威力の信奉者ポロス、そして弁論術が行使される場としての現実政治の論理をあからさまに振りかざすカリクレスの三人が、議論の深まりとともに順次登場してソクラテスと切り結ぶ論戦の激しさは、プラトン著作のすべての中でも他に例を見ないものである。それは自らの生の決断を賭したプラトン自身の差し迫った課題を反映したものにほかならない。

ゴルギアスおよびポロスとの対話を通じて、弁論術とは政治の場で手腕を発揮しそれを動かすための強力な手段であること、ただし、「真実」を別にした「説得」のみを旨とするものであることが同意されたとき、問題はそうしたものの評価をめぐって別の次元に移されなければならない。それは結局のところ「人間いかに生きるべきか」という問いに帰着するのである。第三の最も困難な対話相手カリクレスとの「論争」がこうして始まる(481B 以下)。

富裕な上流階層に属しすぐれた資質を有するアテナイ市民で、これから政治の中央に乗り出そうとするカリクレスが実在の人物であるかどうかは明らかでないが、ここではむしろ、多くの共通点を持つ若きプラトンの、ある一面を代理する存在として登場しているものと見ることができるのではないか。彼の主張は、ほぼそのまま著者自身が実体験の中から学びとった「現実政治の哲学」にはかならない。最大限にそれにコミットしているのがカリクレスである。

彼は「正義とは、強者が弱者を支配し、弱者よりもより多くを取ることにある」(483D)と明言しているように、ちょうど『国家』第一巻に登場するトラシュマコスと通底するところの多い「強者の論理」を展開する。しかも、トラシュマコスのほうはそれを「不正」としながら主張するのに対して、カリクレスは「強者」の側からあからさまに肯定しつつ、それこそが「自然本来の正義」であるとしている点において、より徹底した立場に立っていると言うことができよう。その主張はまた、直前の議論においてゴルギアスやポロスが「内心ではそう思っていても、口に出してあえて言おうとはしなかった」現実の「実相(ピュシス)」なのである(492D)。

一般に通行している正義とか節制とかの徳目なるものは、自分の欲望を十分に満たすだけの力量を持たない卑小無能な多数者が、その事実を覆い隠すための体のいい美名に過ぎず、彼はそれを「奴隷の道徳」として切り捨てる。「傲慢と放埒と自由、それが支えとなる力を獲得するとき、それこそが徳であり幸福なのであって、それ以外のあれらの小ぎれいな飾りごとや、自然に反した人間同士の約束事などは、何の値打ちもないたわごとにすぎないのだ」とカリクレスは断言する(492C)。ここには、『国家』第二巻の冒頭において、グラウコンやアデイマントスがトラシュマコスの立場を補強するものとして提示する「社会契約説」や、「ギュゲスの指輪」の物語が示唆する人間の「現実」が先取りされてもいるのである。『ゴルギアス』についてのすぐれた注解書において、E・R・ドッズ(E.R. Dodds, *Gorgias*, Oxford, 1959, p.14)が「カリクレスとは、プラトンのうちにかくなるやもしれぬものとしてあった何ものか(そしてもしソクラテスなかりせば、おそらくそうなっていたであろうところの何ものか)を、またイェーガーの言うごとく、『国家』の根底に深く埋もれて横たわっている、実現されざりしプラトンを表すものである、と考えたい気にさせられる」と述べているのは、きわめて至当な指摘である(イェーガーもドッズとほぼ同時代の古典学者)。

ソクラテスがただちにカリクレスの「知識と好意と率直さ」(487A)を歓迎するのは、むろん現実政治のありようは彼のいうとおりだと認めるからにほかならない。しかし、けっしてそれを是認することはしない。現実を動かしている「快楽」も、それを望みのままに獲得しうる権力も、実はいかに根拠を欠いた脆弱な基盤の上に存立しているものでしかないかについて、ソクラテスはいつも以上に鋭利な論理による吟味論駁にかけて、カリクレスの立場を突き崩していく。ここでその議論の逐一をたどることはしないが、快楽の実質の吟味、不正な権力行使のはらむ内部分裂的脆弱さ、真の幸福のありかなどをめぐる激しい論争は、ほとんどそのすべてが、あたかも『国家』におけるソクラテスの主張をネガとして写し取ったかのように、逆転的な対照を見せている。すなわち、カリクレスの「悪徳礼讃」(むろん彼にとっては「徳の礼讃」である)に対するソクラテスの反駁は、そのまま『国家』における「正義」論の内実をなしていくのである。ソクラテスの基本的立場を表した「幸福になりたいと念願する者は、思慮節制の徳を追い求めてそれを修めるべきであり、他方、放埒のほうは、われわれ一人ひとりの脚の及ぶかぎり、これからのがれなければならないのだ」(507D)という言葉が、『国家』のうちに寸分違わぬかたちで見いだされても、何の不思議もないであろう。

プラトンの決断

さらにもう一つ、まさに『ゴルギアス』が『国家』への決定的なターニング・ポイントであることを端的に示しているのは、ソクラテスによる正面切った現実政治批判である。彼は、いつものアイロニー(空とぼけ)を忘れたかのように、前五世紀アテナイの急速な興隆と「黄金時代」の実現を主導した大政治家たちのすべてに対して、等しく国家を堕落させた責任者という厳しい判定を下している(515C 以下)。寡頭派(有産階層派)を代表するミルティアデスやキモン、民主派を代表するテミストクレスやペリクレスといった高名な政治指導者たちでさえも、すなわちいずれの党派を問わずすべての政治家たちが、実はあれこれの手立てで国民の歓心を買って、多数の人たちを増長させたあげくに、当の政治家たち自身がいずれも陶片追放などの憂き目を見なければならなかったというのは、失政の窮みというほかあるまい。それはとりもなおさず無能な家畜飼育者が大人しい動物を引き取って凶暴に育て上げたようなもので、彼らは国民を「以前よりすぐれた人間にする」べきなのに、むしろすっかり駄目にしてしまったからである。

とりわけ、アテナイに「黄金時代」を招来したとされるペリクレスに対する評価は手きびしい。「公共の任務に手当を支給する制度を定めたのはペリクレスだが、それによって彼はアテナイ人を怠惰な者にし、臆病にし、噂好きのお喋りにし、さらには金銭欲の強い者にしてしまった」のではないか(515E)。彼もまた晩年には「アテナイ人は彼に対して公金横領の廉《かど》で有罪を宣告し、危うく死刑判決を下す寸前にまで至った」とのことで、事実、きわめて巨額の罰金を免れることはできなかったのである。

このように、彼の激しい追及にカリクレスが自分の不利を悟らされて、すっかりたじろぎながらも、けっして自らの立場を放棄しないことに、珍しくむしろソクラテスのほうが挑発されたようにして、しばしば彼の側から自身の主張をぶつけ返していく。そして次第にカリクレスが口ごもり、さらにはソクラテス裁判の成り行きを予言するような言葉で恫喝に奔ったりするようになると、そんなことは百も承知の上だと言わんばかりにして、こう切り返す。「わたしの思うところでは、アテナイ人の中で自分一人だけがそうだとはあえて言わないまでも、本当の意味での政治の技術を手がけているごく少数の者たちの一人なのであり、特に現今の人たちの中では、わたしだけがただ一人、ほんとうの政治の仕事を行っているものと信じているのだよ」(521D)。

二人の間に「合意」が形成されることはついにないままに議論は終わるが、どうやら、カリクレスとの論争はとうに決着がついているのだ。対置された二つの生のかたちを前にして、おそらくプラトンは、「徳」の女神と「悪徳」の女神との誘いの前に立った若きヘラクレスによる生の選び(ソフィストのプロディコスにそれを主題とする『ホーライ』という作品がある)よりもやすやすと、ソクラテスの勧めに従って、「徳」と「知」の探求をより先なることとして選び取ったのであろう。この「対話篇」の結びとなっている「かくて、われわれが共にそのようにして徳を修めたならば、そうなってからはじめて、もしそうするべきだと思われるならば、政治の仕事に乗り出すことにするだろうし、あるいはどのようなことにせよ、われわれによしと思われるならば、そのときに方針を立てることにしよう」(527D)というソクラテスの言葉は、プラトン自身の決断を告げるものにほかならない。

もっとも、カリクレスがソクラテスに屈服することなく終わったことは、その後のプラトンにとって、ある種の重い課題を担わされたことを意味するのかもしれない。現実政治というもう一つの困難をもけっして切り捨てるべきではない、とその最大の論敵は執拗に迫っているのではないか。それに応ずるためには、現実政治を遠ざけたソクラテスをもどこかで超えなければならない。あるいは、ソクラテスの内にさらなるソクラテスを見いだしていかなければならない。こうしてプラトンの新たな歩みが始まる。

「哲人王」思想の萌芽

先にも見た『第七書簡』によれば、プラトンが『国家』の中心思想をなす「哲人王」を構想するようになったのは、ちょうど『ゴルギアス』を著したのと相前後する時期においてであった。まさにこの著作における論争に重なるような考察を、ソクラテスの死後一〇年以上にわたって重ねてきたプラトンは、「結局のところ、現今のあらゆる国家には例外なく悪政が行われているという事態に気づかなければならなかった。——法制のありさまを見るに、どの国家にあっても、何か途方もない方策を講じ、しかも幸運に恵まれるのでなければ、およそ治癒しがたい状態にあったのですから」(326A)。そして、この一節につづいてすぐに、哲学的英知と政治権力の一体化のみがそれを救済する唯一の方途であるとする立場が明確に表明されている。もっとも、この書簡はプラトンが晩年に至ってから、ある経緯の中で書かれたものであるから、事がまったくこのとおりに進んだわけではあるまいが、はじめ政治を志したプラトンが、ソクラテスとの出会いを通じて「政治か哲学か」の岐路に立たされ、やがてその二者択一を超え出て政治と哲学の一体化、真の哲学への努力こそ最大の政治的営為でもあるのだとする道を見いだすことで「いかに生きるべきか」に明確な決断を下した、という大きな軌跡は、ここにも鮮明に見てとることができよう。

南イタリア・シケリア旅行

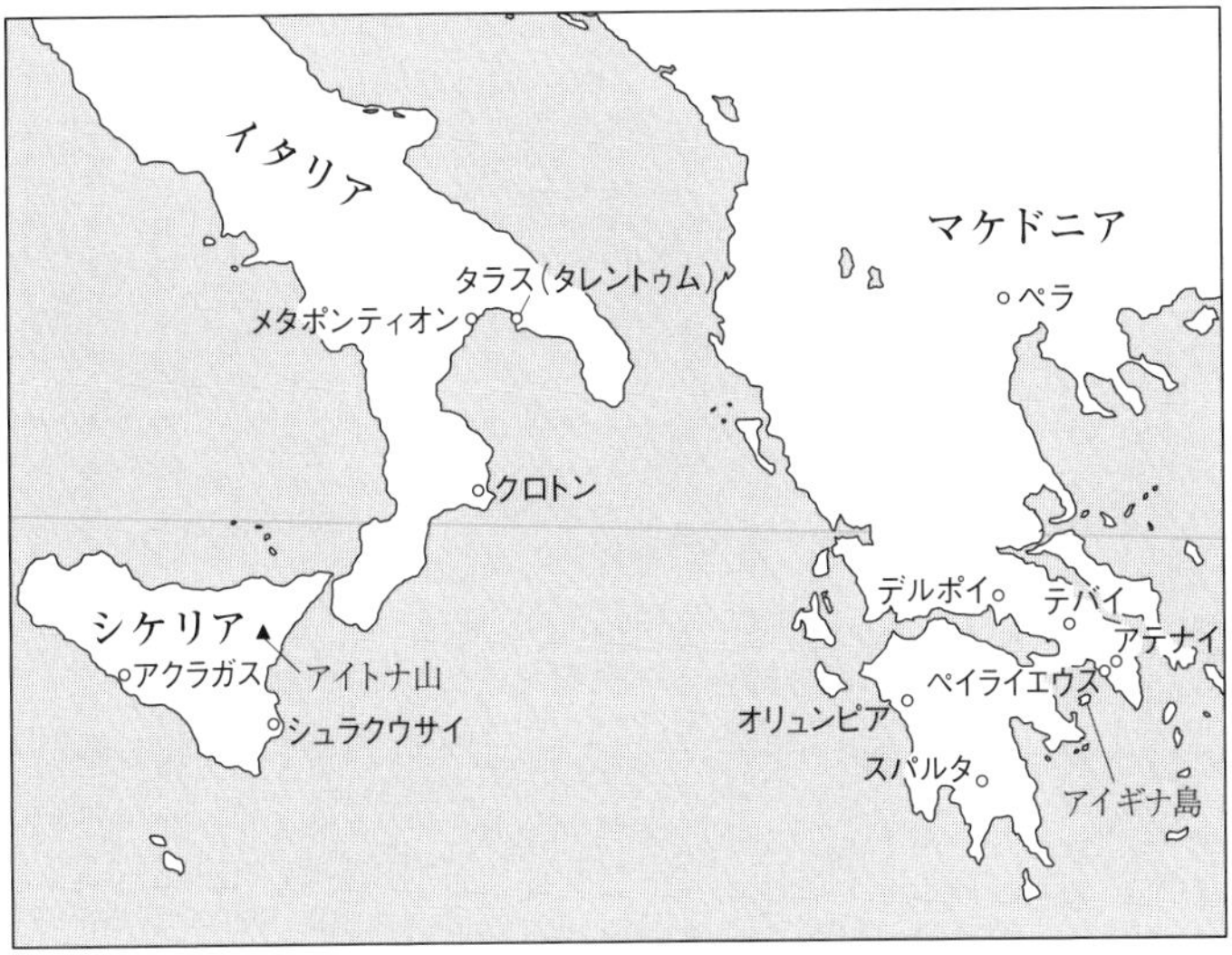

図2——ギリシア本土と南イタリア

このときほぼ四〇歳だったプラトンは、長い「遍歴時代」に締めくくりをつけるようにして、南イタリアへの、そして図らずもシケリア(シチリア)島への旅行に出る(前三八七年頃)。南イタリアのタラス(タレントゥム)では、当時における第一級の数学者だったアルキュタス(プラトンとほぼ同年代)を中心とするピュタゴラス派との出会いがあった。ピュタゴラスの没後一〇〇年ほどを経て彼の故地に再び勢力を回復した彼らは、独自の国家を形成しつつ、祖師の教えに従った戒律と学問の生活を送っていた。プラトンはそこに理想国家のかすかな輪郭と可能性を見いだし、大数学者にしてすぐれた政治指導者でもあったアルキュタスにおぼろげながらも「哲人王」の姿を予感したにちがいない。二人は深い交友関係を結び、それはこののち終生にわたってつづいていく。

ついでシケリア島に渡ったのは「おそらく偶然のことにすぎなかった」(『第七書簡』326E)。しかしその地では別の意味でさらに大きな出会いがあった。シュラクウサイ(シラクサ)の独裁僭主ディオニュシオス一世の義弟にディオンという青年(当時二〇歳くらい)がいて、彼はプラトンの話を聞いて「かつて出会った若者たちの誰一人として及ばぬほどの鋭さと熱意をもって、理解したのだった」(『第七書簡』326E-327A)。この機縁がのちにプラトン後半生における最大の波乱をもたらすことになる。二〇年を経た前三六七年頃、ディオニュシオス一世が没すると、ディオンは今こそ若きディオニュシオス二世を戴いてシュラクウサイにプラトンの理想政治を現実のものにする絶好の機会だと考えて、彼の支援を求めてくるのである。むろんプラトンはそれが実現不可能な試みであることをはっきり見通していたが、何よりもディオンに対する友誼から海を渡ることにする。結果は当初の予想どおりこの地に混乱をもたらしただけで、一年後にプラトンは空しく帰国するが、その後も事態は長年にわたって彼を巻き込みつつ混迷を深めていき、再度の渡航(前三六一―三六〇年)の甲斐もなく、ついにはシュラクウサイの内乱の中でディオンが殺害されるという悲惨な結末に至る(前三五六年)。

この事件によってプラトンの政治理想までが大きく揺るがされたと考えられることもあるが、それはおよそ無意味な想像でしかない。ともあれ、これはずっと後のことである。一旦、最初のシケリア旅行に話を戻すことにしよう。この折にもプラトンと僭主との間に不和が生じたようで、短時日のうちに追い出されるようにして島を立ち去らなければならなかった。あるいは、古来いくつかの話として伝えられるところによれば、ディオニュシオスの命によって奴隷として売られようとしたという。たとえばディオゲネス・ラエルティオス『ギリシア哲学者列伝』には、アテナイへの帰路、ディオニュシオスの指示を受けていた人物によって、アイギナ島で奴隷として売られることになったが、たまたまその地を訪れていたアンニケリスという知人が彼を購って救った、とのことである。その話にはさらに尾ヒレがついて、その代金を返却しようとしても彼は受け取ろうとせず、最終的にそれがアカデメイア開校の資金に充てられたとも述べられている。

アカデメイア開校

さきの言い伝えの真偽はともあれ、この旅行を終えて間もなく（前三八六年頃）、プラトンは本格的に哲学の研究教育に取り組むための学園を開設する。場所はアテナイの北西郊外に位置する、土地の英雄神ヘカデモス（アカデモス）を祀る神域アカデメイアの一郭だった（のちにはその隣接地にも広げられた）。この広大な聖地はきわめて古い由緒を持つものであるが、特に前五世紀に富裕な政治家キモンが大々的な整備に尽力してから、アテナ女神に因《ちな》んだ一二本の聖なるオリーヴと、プラタナスの林が繁る緑豊かな場所となった。また公共体育場も設けられ、つねにアテナイ市民たちでにぎわっていた。プラトンは当初その建物の一部を借用していたとも言われる。史上最初の高等学術機関アカデメイアの誕生である。この学園はのちに半ば公的な地位を得たこともあって、紀元後五二九年、東ローマ帝国の皇帝ユスティニアヌスによって、ギリシア＝ローマの異教的学術文化活動が禁止されるまで、さまざまの変遷と盛衰を経ながらも、およそ九〇〇年間にわたり、ギリシア的学術の中枢として存続する。

理論的考察に努め、それを支えるべき真理を究明することが実践に先立つ優先課題とされたのであれば、アカデメイアの開設は、次に踏み出すべき当然の事業であるようにも思われるだろう。しかし、この時代のアテナイにおいて国家公共の場から身を退いて研究と教育の活動に専念することは、少なくともプラトンのような境遇にある者にとっては、われわれの想像を超えた果断な決意を要することであった。これ以前に、高等教育に相当するものとしては、主に弁論術教育を通じて政治的能力を養成することを謳ったソフィストたちの個人教授的な活動があっただけだと言っていい。彼らは、それぞれに相応の識見の持ち主であったことは確かだが、おおむね誰もが小国(弱小ポリス)出身の知識人で、活動の場を求めてアテナイにやってきた他国人だった。その教育内容は、結局のところ、政治的かけ引きに長けた能力の習得を目指したもので、むしろ政治の場を荒廃させる要因ともなっていたことから、必ずしも歓迎されるべき存在ではなかったのが実状である。

前四世紀に入ると「学園」のような施設も現れるようになった。ソクラテスの弟子の一人アンティステネス(前四五五頃—三六〇)がアテナイ南東郊にあるキュノサルゲスの体育場で始めた活動は、その最初のものであっただろう。また高名な弁論家イソクラテス(前四三六頃—三三八頃)が、プラトンのアカデメイアにやや先立って開いた弁論術学校は、教育理念や教育プログラムにおいてソフィスト教育を充実発展させたもので、やはり「実学」的な政治家教育を掲げて多くの子弟を集めていた。とはいえ、アテナイ社会において教育活動がしかるべき重要な事業として認知されることからはほど遠かった。

アカデメイア以前の「哲学」

しかもプラトンの目指した学園は、それら少数の既存のものとは理念と方針を大きく異にしていた。「哲学学校」という新奇な計画はさらに人びとを驚かせることになっただろう。当然それはソクラテスの哲学精神を真っ直ぐに受け継ぐものであったが、実のところ、その「哲学」なるものはいまだ何らの実体も存在していないに等しかったと言わなければならない。むろん「善く生きる」ことを希求しつづけたソクラテスの「愛知(哲学)の精神」は確実な導きの星であったにせよ、それを確固とした「学」として編成することは、すべてがプラトンの手に託されていたのである。

なるほど、すでにある種の知的営為が「哲学」の名で呼ばれてはいた。前六世紀にミレトスのタレスによって始められた自然学的思索も、ソクラテスの時代にはアテナイに流入していた。この世界の起源や成り立ちを論ずるのは意義深いことではあるが、しかしプラトンの求めるものはそこにはなかった。当時のアテナイで最も目に立つ「哲学」とは、さしあたり、ソクラテスの対話的活動と彼を慕って集まった若者たちの言論的活動のことであっただろうが、それが世人にはいかに無益でおぼつかないものに思われ、ときには有害なものとすら見えていたかは、『国家』第六巻において、アテナイ市民が一般に哲学をどのようなものと受け止めているかが語られている個所(487C-D)からも、容易に見てとることができよう。同様の見方は、先に触れた『ゴルギアス』におけるカリクレスによっても「好意的」に語られている(484C-485E)。

『国家』で語られているように、さらに哲学にとってより大きな問題は、同じ名を僭称しながら登場してきた、まるで似て非なるものの存在であった。これは実際にはソクラテス没後の時期、すなわちまさにプラトン自身が、ソクラテスの活動を継承しつつ、それを一個の学として確立しようと努めていた時期における事態を暗示している。おそらくは、さきに触れたアンティステネスをはじめとする「小ソクラテス派」の人たちやイソクラテスをも念頭に置きながら、プラトンはソクラテスに語らせているのであろうが、こうした「似非」哲学者たちの横行ぶりからすれば、哲学に対する世間からの誹謗中傷にはむしろそれなりの正当な理由があることが、同じ『国家』第六巻において、皮肉と辛辣を極めた口調で論じられている(495C-496A)。

「学」としての哲学の構築へ

アカデメイアが活動を開始したのは、このような空気の中においてのことであった。学園における研究教育の詳細がどのようなものであったのかはほとんど分かっていない。わずかに伝えられているのは、プラトンが「善について」の公開講義を行ったことがあるが聴講者たちにはよく分からないままに終わったという話と、同時代の喜劇詩人エピクラテスによる戯画化された学園風景(研究員たちが寄り集まって「瓢箪」の定義に没頭しているさま)くらいであろうか。しかし、いささかの歪曲や誇張をはらんだものであれ、それらの断片的情報にもアカデメイアの実体が映じられていることは確かであろう。

学園の理念と方針は、プラトンがこれまでに辿ってきた思想の遍歴と構築を踏まえ、その内実を組み込んだものだったとすれば、それはちょうど同じ時期に彼が到達した「イデア論」を基盤とするものであったにちがいない。アカデメイア開学は、むろんプラトン自身の哲学的成熟と軌を一にするものであった。その両方に通有しているのは、いかなる事柄についても、それを正しく判断し的確に対処するためには、生成変化してやまない事象の表層に惑わされず、当の事柄のまさに本質をなすものをイデアとして把握しつつ、厳密な論理によって取り押さえていかなければならないとする信念である。プラトンが追い求めたのは、そうした「学知」の力であった。そして彼はその力を養う方途として数学的考察に着目した。それが当時唯一の「学」として成立していた分野であったが、数学においては、たとえば地面に描かれた不完全な三角形などの図形を介して正確な理想的図形について考察する。そうした思考法のうちに、生成的世界からイデア的真実在へとわれわれの「魂の目(知性)」の「向け変え」(『国家』第七巻 518D-E)を促す力を期待したのである。彼に数学的世界への示唆を与えたのが、南イタリアにおけるアルキュタスとの出会いであったことは十分に考えられることである。世界のあり方とその中でのわれわれの生死のあり方とを統一的に考察する営為としての哲学を、一個の学術として確立するプラトンの課題は、これによって確かな地歩を得たのである。

事実、アカデメイアの研究教育において数学が重要視されていたことを疑う余地はない。学員の中からはテアイテトス（前四一五頃—三六九）のようなすぐれた数学者が出ているし、プラトンの晩年にはその当時第一級の数学者であったクニドスのエウドクソス（前四〇〇頃—三四七頃）などもアカデメイアで活動している。数学教育の重要性とその意義は、『国家』における哲学者教育の叙述にも詳しく論じられている（本書第II部第六章参照）。あるいは、むしろその記述が学園における研究教育のようすを推測する最良の手がかりとなるのかもしれない。

むろん、さきのエピソードが伝えているように、講義が行われたりもしたし、今日『プラトン全集』の内に『定義集』として収められているものは、倫理的徳目などの事項についてアカデメイアの学員たちの間で行われた言語規定の試みの一端を伝えているのであろう。『国家』の教育プログラムによれば、そうした言語を通じての学習過程は比較的高度の段階に至ってから課されるものとされている。もっとも、それはいわば理念化されたモデルとして構想された配置であって、数十年にわたって行われるべき「哲人教育」とアカデメイアでの実際のあり方とがひとつのものでありえなかったことは言うまでもあるまいが、そこに語られている事柄は学園の教育にも意味深く反映されたものと考えられる。

政治家養成の場としてのアカデメイア

厳密な思考力を養うために数学研究に従事することを根幹としたアカデメイアの教育は、しかし同時にすぐれた政治指導者の養成をも明確な目標とするものであった。当然ながら、それは哲学そのものへの取り組みと一体的に行われたのである。しかも、現実世界とは迂遠であるかのような方針が、実際にも大きな成果をもたらした。学園には次第に多くの若者たちが全ギリシアの各地から集うようになったが、彼らは必ずしも「哲学者」を目指したわけではなく、むしろシケリアでディオンを魅了したような、プラトンの人格や理想に共鳴してここで学んだのであろう。アカデメイアはプラトンにとっても「政治」と断絶した場ではなく、むしろ若いときから抱きつづけていた理念と信念を実現するための方途でもあった。「味方の人間や信頼できる同志がいなければ、実際行動は不可能であると思われた」という『第七書簡』中の一節(325D)は、学園設立の重要なモチーフをなしていたのである。

事実、ここで学んでのちにそれぞれの故国において活躍した人たちも少なくない。プルタルコス『モラリア』の『コロテス論駁』(第三二節 1126C-D)にはそうした幾人かの名が挙げられているし、またマケドニアの宮廷に、おそらくは政治顧問として、学員を送り込んでいることは、その王国の将来を見越した方策として注目されよう。その点では、むしろ不思議なことに思われようが、ライバル関係にあったイソクラテスの弁論術学校は、もっぱら政治家となるための実践的教育に力を注いだにもかかわらず、さして名だたる政治家が輩出することなく終わったのと対照的である。両者の間には思想家としての資質や教育者としての力量に相違があったことも一因ではあろうが、この結果は何よりもプラトンの立てた基本理念と方針が適切であったことを明瞭に物語るものにほかなるまい。

ここにプラトンのすべてがある

『国家』は、アカデメイアの設立から一〇年ほどを経て、その運営も軌道に乗り、学問の府として全ギリシアに盛名を馳せるようになった時期に執筆にとりかかり、おそらく数年をかけて完成されたものであろう。プラトン五〇歳代の著作と考えられる。哲学を一個の学として整え、それにもとづいて善き生と正しい国家のあり方を実現することを目標とする点において、『国家』の執筆とアカデメイアの経営とは表裏一体の事柄であり、また実際それらは並行して進められて行ったのである。『国家』のうちに集約された哲学的考察はただちに学園の研究教育の場に生かされ、研究教育の経験と成果はそのまま『国家』の中に反映されて、この著作により充実した内実をもたらしたにちがいない。

また、これまでもっぱら著者プラトンの前半生をたどるようにしてきたが、そうすることはすなわち『国家』という著作の成立過程とこの書の持つ意味を直截に語ることと一つであった、と言うことができるのではないか。それほどにも『国家』は、ここに至るまでのプラトンのすべてと均衡している。単に長年の思想的営為が集約されているというだけではない。ソクラテスに学んだもの、あるいはむしろ彼から受けた、けっして逃れることのできない魔力のような影響はもとより、若き日の政治体験とその中で味わった深い挫折感、南イタリア・シケリア旅行でのアルキュタスやディオンとの出会いなどが、いずれもきわめて鮮明な痕跡として本書の至るところに刻みつけられていることに気づかされよう。その意味では、『国家』はプラトンその人を最も深くまで描いた自画像であり、非時間的な自叙伝にほかならないのである。

むろんプラトンはいまだ生涯の半ばにあり、八〇歳で没するまで、さらに充実した哲学的思索とアカデメイアにおける活動はつづけられていく。

第二章　著述と対話

――「対話篇」ということ

古代ギリシア世界で書かれた著作のうち、今日まで伝わっているものはごくわずかなものでしかないが、プラトンの場合は、アカデメイアが長期に存続し、またどの時代にも比較的多数の読者を得てきたことなどの幸運に恵まれて、現在われわれは彼の名で伝わる四四篇の著作を手にすることができる。その中におそらくは間違いなくプラトンが著した全作品が含まれていると考えてよさそうである。問題があるとすれば、若干の偽作の混入が疑われることであろうか。それらの伝承の過程はのちに見ることにして、さしあたりその全容を概観し、とりわけわれわれの『国家』が、全著作のうちでどのような位置にあるかを確認しておきたい。

プラトン哲学の「発展史」

今日に伝わる『プラトン全集』の素型は、後一世紀のローマにおいてトラシュロスが編纂した『四部作集(テトラロギア)』に遡り、われわれが最も普通に手にする原典(たとえばオックスフォード版)も、一般的な邦訳全集もそれに準拠した構成になっている。しかし、近代一九世紀の古典学研究はその作品群に別の観点から新たな光を当てることになった。当初は、さきほど触れたような、プラトン著作の真偽問題に端を発したその時代の研究の進展によって、プラトン哲学の「発展史的」展望が開かれたのである。

彼の全著作を大きくグループ分けしてみると、(一)ソクラテスを主人公とした比較的短い作品群、(二)ソクラテスがイデア論を高揚的に語る数篇の作品、そして(三)論理性が顕著で、一見したところ「分析的」手法が先取りされているような作品グループ、が認められるが、一時期は、こうした著作間の性格の相違を、真偽の観点から説明しようとする趨勢が過度に強まり、「イデア論的対話篇」と傾向を異にする作品の多くが偽作と判定されたりもした。伝統的には、プラトンは終生変わることのない「イデア論の唱道者」として統一的なイメージでのみ受け取られてきたからである。それに対して、そうした多様性をプラトンの思想発展による変化と見ることで問題の解消が図られたのである。そのためにすぐれて大きな効果を挙げたのが、イギリスのプラトン学者L・キャンベルによって始められた「文体統計法」であった。それは、手短に言えば、真作であることが確実な、最晩年の著作『法律』の文章に見られる特有の語法ないし用法の「癖」を拾い出し、作品ごとにそれらの現れる頻度を比較することで、著作年代を振り分ける方法であった。その結果、最もしばしば偽作を疑われることの多かった第三グループが『法律』との最も高い文体的類似性を有することが示されて真作であることが保証されるとともに、大まかには第二グループの類似性がそれに次ぎ、第一グループが最も大きな文体的相違を示す結果となった。この着想が元となって、プラトン「対話篇」の著作順のあらましが推定され、基本的に上の第一グループから第二グループを経て第三グループに至る「思想発展」の相の下に、プラトンを見直すまったく新たな道が開かれたのである。近代のプラトン研究における突然の大きな発見と言っていい出来事であった。

表1 ――プラトン主要著作の執筆年代

初期著作：「ソクラテス的対話篇」
（30歳頃―40歳代初め）
『エウテュプロン』『ソクラテスの弁明』『クリトン』
『リュシス』『カルミデス』『ラケス』
『エウテュデモス』『プロタゴラス』
『ゴルギアス』『メノン』など

中期著作：「イデア論的対話篇」
（40歳代初め―50歳代半ば）
『饗宴』『パイドン』『**国家**』『パイドロス』
『クラテュロス』（？）

後期著作
（50歳代半ば―80歳）
『パルメニデス』『テアイテトス』
〔シケリア渡航などにより一時執筆中断か〕
『ソピステス』『ポリティコス（政治家）』
『ティマイオス』『クリティアス』
『ピレボス』
『法律』『エピノミス（法律後篇）』

初期著作群内部の執筆順は未確定・順不同．中期著作・後期著作についても確定はしがたいものの，標準的にはほぼ上のように想定されている．なお文体統計法における著作年代区分では，文体が大きく変化する『ソピステス』以降を後期著作とする場合が多いが，ここではその結果とともに著作内容に従って，イデア論が中心的に論じられる一連の著作を中期著作とし，『パルメニデス』以降を後期著作としてある．

「発展史」における『国家』の位置

表1に掲げた主要「対話篇」の著作年代区分は、その後の研究成果をも併せて纏められ、今日ほぼ意見の一致を見ているものである。ここから浮かび上がってくるのは、はじめ思い出の中のソクラテスの言行をなぞり取るようにしてその意味するものを明るみに出すとともに、それを「初期対話篇」として定着させることに努めていたプラトンが、やがて、つねに対話の「行き詰まり(アポリアー)」に終わらざるを得ないソクラテスの問いを解くための方途として「イデア」の措定にその可能性を見いだし、一連の「中期対話篇」においては「イデア論」の骨格を示しつつ、それにもとづいた問題考察がどのように進められ、どのような知の世界が開かれてくるかを積極的に語るようになる「発展」の軌跡である。われわれの『国家』はその「中期対話篇」の一つにほかならず、年代順において全作品のほぼ中央に位置し、また著作の規模においても、イデア論を最も内実豊かに語っている点においても、まさにそれらのピークをなしていることが見てとられよう。

著作年代順の確定が示すところによれば、その後「後期対話篇」に展開されたプラトンの考察は、一旦確立されたイデア論に自己反省的な立て直しと基礎づけを行う、より高度な局面に向かい、同時に、『国家』において哲人教育の最終課程に置かれて最も困難で重要なものとされていた「哲学的問答法(ディアレクティケー)」(第七巻 532A 以下)に実質的な肉付けを与え、それをモデル的に(たとえば「ソフィスト」や「政治家」を言論によって規定する作業として)実行してみせることに向けられる。

プラトンの哲学的営為は、一旦はすべてが『国家』のうちに集約され、そしてそこから再び豊かな流れを展開していくのである。

「対話篇」ということ

プラトンは「対話篇」という独特の形式で著作した。各作品は、いわば「哲学的ドラマ」の体裁をなしている。『国家』も、全体がソクラテスによる報告という枠取りがされているが、基本的には対話のやりとりによって話が進められている。哲学的な著作であってみれば、とりわけ今日のわれわれにとっては、このことだけでもやや奇異な思いにさせられるのではないだろうか。しかも、そのドラマには著者プラトン自身が登場して口を開くことはない。ほとんどの場合、舞台は彼がいまだ青少年だった時代に設定され、主役に配されているのは、後期のいくつかの作品を別にすれば、もっぱらソクラテスである。

単に「対話篇」形式による哲学著作ということであれば、プラトンが始めて以来、多くの人たちがそれを踏襲した。いまだアカデメイアに学んでいた頃のアリストテレス(前三八四—三二二)も、幾篇か試みていて、それらはすべて伝承の過程で逸失してしまい、今日ではわずかな断片しか残されていないものの、キケロ(前一〇六—四三)などはその出来映えを絶賛している。当のキケロも哲学著作の大半を「対話篇」として著した。むしろその伝統は途絶えることなくつづいていると言ってよかろう。ガリレオ(一五六四—一六四二)に『新科学対話』があり、デカルト(一五九六—一六五〇)やイギリスの哲学者ヒューム(一七一一―一七七六)やフランスの啓蒙思想家のディドロ(一七一三―一七八四)らにも、この形式の哲学著作は少なくない。また、これら後代の作品においても、しばしば著者自身が表立って登場しない点ではプラトンの「対話篇」と同様である。しかし、プラトン以外の場合には、いずれもそこで論じられている事柄について、まず著者にとって否定的な立場の意見が一人ないし複数の人物によって提示されたのちに、著者自身ないし明白に著者を代理する立場の人物が反論を展開し、そして「正論」を述べる、という決まった順序立てがされているのである。

プラトンの「対話篇」においても、さしあたり、それぞれに対話を主導する役割を担っている人物(後期の著作数篇を別にすればソクラテス)の発言が著者の言わんとするところに重なるものと見なして大過ないはずである。すでにディオゲネス・ラエルティオスが「ソクラテスやティマイオスが発言者となっているときでも、プラトンは自分の説を語っている」(『ギリシア哲学者列伝』第三巻五二節)と簡明に述べているが、それと同様にわれわれもまた、ソクラテスの発言をそのままプラトンの見解として抜き書きして事をすませているのが通例である。とすれば、プラトンの著作においても、その議論の流れの中から対話主導者たちの語る言論のみを(多くの場合、ソクラテスは対話相手に対する問いかけのかたちで語っているのだが、その疑問符をも外して)読み継いでいけば、それによって著者の「教説」が得られることになるのだろうか。

しかし、少なくとも、プラトンの「対話篇」を読むことはそれによっては尽くされないだろう。なぜなら、他の多くの対話形式の著作が「対話」よりもむしろ「対論」の並列によって自らの教説を鮮明にしようとするものであるのに対して、プラトンは、まさに「教説」を語ることを拒否し、その意図が「対話篇」という形式をもたらしているからである。ただし、そのことは、古来繰り返し提出されてきたような見解、すなわち著者の所在が不明確化されていることから、プラトンを真理の絶対性を否定する懐疑主義者と見なしたり、多彩な登場人物による多様な意見が交わされる対話の外に彼は折衷主義者として傍観しているのだと考えるような解釈にコミットすることを意味するものではない。彼の「対話篇」の意図するものは、実はそうした外的要因にはないからである。

プラトンの「対話篇」を独特のものたらしめている理由は、何よりもまず、『国家』を含めて大半の場合に対話の展開を主導しているソクラテスの巧妙なスタンスにある。ソクラテス的対話においては、むろん彼自身が最も多く発言しながら、その内容を自らの意見として開示するのは、きわめて例外的な場面においてだけである。彼はまず対話相手に問いかけその意見を求めるようにする。また彼自身が発言する場合には、それを疑問形で対話の場に投げ出し、対話相手の応答を待つ。そして返答をしたとたんに、当の発言は相手の側の意見とされてしまうのである。『国家』のグラウコンやアデイマントスのように、対話相手が「もの分かりのいい」人物であれば、ソクラテスの発言はほとんど常にそのままただちに受け容れられ、彼らは単に相槌を打っているだけに等しいのだが、それにもかかわらず、議論が対話のかたちで進められなければならないのは、そうした意図からのことである。

ついでながら、注意して読んでいけば容易に気づかれようが、たとえば第一巻での主要な対話相手のトラシュマコスが「正義とは強者の利益である」と唱えてソクラテスを挑発しようとも(第一巻

338A以下)、グラウコンやアデイマントスが「ギュゲスの指輪」の伝説を持ち出して人間の悪の本性を暴き立てたり(第二巻359D以下)、「不正」の礼讃を試みようとしても(第二巻362E以下)、ソクラテスはけっしてそれらに対して自分の判断を示さず、たくみに彼らへの問いに切り替えてしまっている。さらにまた、問いと答えのやりとりが重ねられていくうちに、その議論の担い手は、いつの間にか対話相手の側に押しつけられていることにも気づかれよう。それらがきわめて意図的な手口であることは、『国家』よりも少し後の著作である『テアイテトス』(161B)において、ソクラテスが「あなたはお気づきでないが、実際にはその言論のうちで何一つとして私から出ているものはないのでして、いつでもそれは私と対話を交わす相手方から出ているのであって、私がごくわずかなりと知っていることといえば、ただ他の知恵ある人から言論を引き出して、それを適切な仕方で受け取るということに尽きるのです」と語っていることからも明らかである。

それはけっして単にソクラテス特有のアイロニー(空とぼけ)ばかりではない。もともと彼は「無知の知」ということを自覚することによって思索の地歩を確保したのだった。彼がいかなる「教説」も持ち合わせていないこと、あるいはその立場を、少なくとも「方法的」にであれ、堅持することが当然の前提であった。とすれば、対話を動かしているのは対話相手の考えと判断、そしてそれをめぐるソクラテスの問いかけへの応答だけでしかありえまい。このように見てくれば、「ソクラテス」とは、けっして著者プラトンを代理して彼の「教説」を語る役割を演じているわけではないことが分かる。むしろ哲学とはそのようにして語り手から聴き手へと一方向的に伝えられる言説としては成立せず、対話の場における応答の中にのみ開かれるものであることを証すことが、彼の役割である。

そして、そのソクラテス的対話の構造は、実は、各自の思考そのもののあり方をも支えているのだ。それは「魂の内なる対話」としてなされるものであり、「魂が目を向けているものについて、それ自らが自らに対して仔細に調査して語る言論」への諾否として進行する(『テアイテトス』189E など)。とすれば、「対話篇」とは、思考の本来のあり方を最も率直に、最も明確に記述するスタイルにほかならないだろう。プラトンが終生それによって著作し、たとえ「後期対話篇」のように、実質的には対話主導者の「一人芝居(モノローグ)」によって議論が進み、対話相手はもっぱら相槌を打つことでそれを追っていくだけの役割に後退しているような場合にも、なおそのような「形骸化したドラマ」のかたちをとらせつづけたのは、そのためだったのだろう。そして、もしそのことを念頭に置くならば、われわれ「対話篇」の読み手もまた、あたかもその議論の場に同席しているかのようにして、逐一の発言に対話者とともに諾否の判定を下しつつ、その進行に付き従うことによって問題の考察をともにする態勢が必要とされているのである。

著述・文字——その危うさ

しかし、ものごとを考察し知を形成する営為がそのようにして成立するのであれば、そもそもそれを書き記すことは意味を失い、相互に相容れない行為となるのではないか。事実、ソクラテスはけっしてものを書かない人であった。プラトンが次第に著述ということに深い疑念と違和感を覚えるようになったのも、当然のことであった。プラトンを読む場合に意識しておいていいこととして、この点についてさらに述べておこう。

おそらくは『国家』についで書かれたと思われる『パイドロス』において、著述の問題は主題的に論じられている。その冒頭(274C-275B)に語られるミュートス(譬話)によれば——文字はエジプトの技術神テウト(トート)の発明品の一つで、それを学べば「知恵は高まり、物憶えがよくなるだろう。私が見つけたのは記憶と知恵の秘訣なのだから」と彼は言う。それに対してエジプト王の賢者タムウス(タモス)は、文字を学んだ者はそれによって「記憶をなおざりにするために、彼らの魂に忘れっぽさをもたらすことになる」と指摘する。憶えた文字をあてにして「自分本来のものではない目印によって外から思い起こすようになり、自分が自分自身の目印によって内から思い起こすことをしなくなるからである」。タムウスによれば、文字は記憶(ムネーメー)の秘訣ではなく、備忘(ヒュポムネーシス)の秘訣にすぎないのである。またそれは「知恵」の秘訣どころか、単に「知恵の見せかけ」を与えるだけで、その結果「知者となるのではなく、知者だという思い込みだけが発達してつき合いにくい人間になってしまう」のである。

これはまさに著作の及ぼす影響の寓意として読み替えることができる。ソクラテスは、その話の先を補うようにして、書かれた言葉、語り手から聴き手へと一方向的に語られた言葉は、一旦本人から離れてしまえば、どのように読まれどのように解されてもそれを正すすべがないことに注意を促している。言葉は一人歩きして「自分だけの力では、身を守ることも自分を助けることもできない」からである。そして、さらに悪いことには、読んだり聞いたりした事柄は「じかに教えを受けなくても、たくさんのことを聞きかじることで、たいていは何も分かってはいないのに、博識家らしい見かけを呈する」ことをも招いてしまうであろう(275D-E)。

知の形成や伝達は固定化された言葉によっては成立せず、対話を通じて相互の思いなしと言い表された言葉の真意を十全に確認しあうことが不可欠であるとするソクラテスが、ものを書くことを「パイディアー(戯れ事)」だと言うのも当然である。「ふさわしい魂を相手に得て、哲学的問答法を行使しながら、そこに言論を知識とともに種蒔きし植えつける」ソクラテス的対話そのものに較べれば、著述行為は「アドニスの園」への種蒔きに似て、いかなる実りも期待できないことが明らかである(276D)。

むろん、その意識はプラトンにも共有されていた。彼の著作はその上でなされているのであり、したがってこれらの批判的指摘は、それに対して講じられた、可能なかぎり周到な対処を示唆してもいるのである。生涯にわたってあれほど多くの「対話篇」を著しつづけたプラトンが、著作ということに対して全面的に否定的ではありえなかった。問題はタムウスやソクラテスの指摘する点にある。われわれはしばしば文字に表されたものの内実を見誤り、それをテウトのように「記憶と知恵の秘訣」だと思い込んでいる。しかし「一つの技術を文字の中に書き残したと思い込んでいる者も、また書かれたものの中から何か明瞭で確実な事柄が現れ出ることを期待してそれを手にしようとする者も、いかにもお人好しにすぎる」のだ(275C)。「内なる対話」としてなされる思考そのものに対しては、著述作業は副次的な意味しか持ち得ないし、実際の対話の場における生動的な議論に較べれば、読書は書かれてあることをおぼつかない推測によって一方的に受け止めることしかできない。

とはいえ、それをタムウスの言うように、「備忘」のための目印として位置づけ返すことで、著作にも一定の意義が回復されるのではないか。書き手自身の「もの忘れ」のためにだけではなく、「同じ足跡をたどって探究の道を進むすべての人のために」(276D)それはけっして無益ではない、ともソクラテスは言う。すなわち、読み手にとっても著作を「備忘録」へと転ずることが求められるのだ。知は既成のものとして著作の内に展示されているのではない。書かれてあることに反応して読み手の内に動く自らの思考にこそ知の源泉は潜んでいるのであって、「備忘録」とは、それを促す原動力としての著作の役割を指している。

ここでは触れられなかったが、「知は想起(アナムネーシス)である」とするプラトンの認識基盤に立てば、それは確かな意味を持った事柄たりうるのである。そして、「対話篇」とは、以上のような著作の持つ欠陥と限界が可能なかぎりで回避された著作の形式だと言うことができよう。そこでは、すべての議論が「教説」であることが保留されて対話的応答の中に委ねられ、そのようにして著者の思考の過程が最も生のかたちで再現されている。そして読み手の側においても、もしそのつもりになれば、分節化された議論の各段階を自らの力で確認しつつ読み進むことで、可能なかぎりにおいて積極的にその過程にコミットする自由が確保された場となっているのである。

第三章　プラトン著作の伝承

恵まれた伝承事情

　前章でも触れたように、プラトンの著作はそのすべてが今日まで伝わっているものと信じられている。問題ありとすれば、同時代や後代における偽作の混入をどう見積るか、ということだけだと言っていい。彼の著作は、途絶えることなく古代末期(後六世紀初頭)まで存続したアカデメイアに伝承されるとともに、遅くとも死後百数十年のうちに、アレクサンドリアにおいて、たとえばきわめてすぐれた文献学者だったビュザンティオンのアリストパネス(前二五七頃—一八〇)によって『三部作集(トリロギアア)』形式の『全集』が整備されたことが分かっている。

　また今日にまでつながる形での『プラトン全集』は、紀元後一世紀初頭のローマにおいて、トラシュロス(後三六没)によって編纂整備されたものが元になっている。彼の編纂した『四部作集(テトラロギア)』のプラトンの著作リストがディオゲネス・ラエルティオス『ギリシア哲学者列伝』に収められていて(第三巻五八―六一節)、その一覧は全体として今日まで伝わっているものと一致していることが確認できる。そのときすでに一一篇は「庶出著作(ノテウオメノイ)」としてリスト外に置かれ(同六二節)、そのうちの六篇は今日でも『全集』に纂入されてはいるものの、伝統的に終始補遺扱いされている。のみならず、トラシュロスがギリシア悲劇の上演形式になぞらえて九つの『四部作集』に纏め上げた全三六篇のうちにも(彼はそれらをすべて真作としているが)、少なくとも数篇については、どこまでを「真作」として許容するべきかが問題として燻りつづけている。とはいえ、跡形もなく散逸したものが圧倒的に多い古代ギリシアの文学遺産のうちで、これはきわめて特例的な幸運にめぐまれたケースの一つである、と言わなければならない。全著作が確実に今日にまで伝わっているのは、他には新プラトン派の哲学者プロティノス(後二〇五―二七〇)の場合があるだけであろう。

パピュロス巻子本から中世羊皮紙筆写本へ

二千数百年前に書かれたものが今日まで伝えられることの困難は容易に想像できよう。さしあたり伝承媒体で見れば、ごく大まかに言って、最初の一〇〇〇年以上はパピュロス(パピルス)に筆写された古代巻子本、つづく数百年間は羊皮紙に筆写された中世冊子本によって、ようやくグーテンベルクの時代にたどり着くのである。この間、とりわけパピュロスの耐久性は脆弱であったから、初期の一〇〇〇年ほどは、少なくとも一〇〇年に一度くらいの割で、どこかで新たに筆写されることが系統的に連続しなければ、その中途で湮滅していたはずである。同じギリシア哲学分野から一、二の例をあげれば、われわれの手にしうる『アリストテレス全集』とは、実際には、複雑な経路をたどって伝わった彼の「講義ノート集」のようなものだけと言っていい。比較的若い頃に彼が公刊した多数の著作は、紀元後一世紀のキケロなどが熱心に読んでいたことまでは分かっているにもかかわらず、すべて失われた。さらに、デモクリトス（古代原子論の大成者。前五世紀）の場合には、「学問の五種競技選手」とあだ名されたように、きわめて多様な分野にわたって膨大な著作を残したにもかかわらず、「デモクラテス」の名で伝わる倫理的アフォリズム集を別にすれば、後代著作家によるわずか数語の引用語句のほかには、何も伝在しないというのが実状である。

今日まで伝承された古典作品には、ごくわずかながら古代パピュロスの発掘から直接復元されたものもあり、一九世紀末にエジプトの遺跡から発掘されたアリストテレスの『アテナイ人の国制』はその一例である。プラトンについて見れば、幅広い筆写年代にわたる多数のパピュロス断片が発掘されていて、そこからも彼の人気の高さが窺われるが、中で特に注目される資料の一つは、ツタンカーメンの王墓を発掘した人の一人として有名なF・ピートリーが、やはりエジプトのファイユームで発掘したパピュロス文書群に含まれていた、数頁分のプラトン著作断片である。その筆写年代は前三世紀初頭、すなわちプラトン没後数十年のうちに作成されたものと推定される。かなり粗雑な流布本の一部と見られ、テクストの校訂作業において貢献するところはごくわずかにとどまっているが、伝承過程をきわめて古い時点にまで遡って照合しえたことの価値は大きい。

しかし、伝承されたもののほぼすべては、むろん中世に修道院などで筆写された羊皮紙冊子本を経由している。その移行過程でも恣意的な取捨選択が働いたことは言うまでもない。プラトンについては、ここでもさいわい筆写が盛んになされ、そうした中世写本ないしそのコピーが現在二〇〇本以上知られている(プラトン著作の若干ないしわずかな部分を含むだけのものが大半だが)。それらは、中世のキリスト教的ギリシア・ローマ文化圏あるいはビザンツ文化圏の各地僧院などで筆写所蔵されていて、ルネサンス期の古典文化復興の機運の中で、西ヨーロッパにもたらされたもの、さらにそれからルネサンス期に転写されたものを合わせた数である。「中世」写本とはいえ、数としては、むろん後者のほうがはるかに多いのが実際である。

羊皮紙筆写本から初期印刷本へ

『全集』に準ずる最初の活字印刷版『プラトン著作集』は、イタリアの印刷業者アルドゥス・マヌティウス(アルド・マヌーツィオ)によって、一五一三年にヴェネツィアで刊行された(アルドゥス版)。しかし、これは完全な『全集』ではなく、いくつかの欠陥もあったために、遅れて一五七八年にヘンリクス・ステファヌス(アンリ・エティエンヌ)が新たな『プラトン全集』をジュネーヴで刊行すると、以後はそれが広く定着してゆく(ステファヌス版)。今日に至るまでプラトン著作の「標準版」としての役割を果たしているのがこのステファヌス版で、プラトンのテクストへの参照個所指示は、それの頁付と各頁一〇行ごとに付されたAからEまでのアルファベット記号によって表示することが約束と

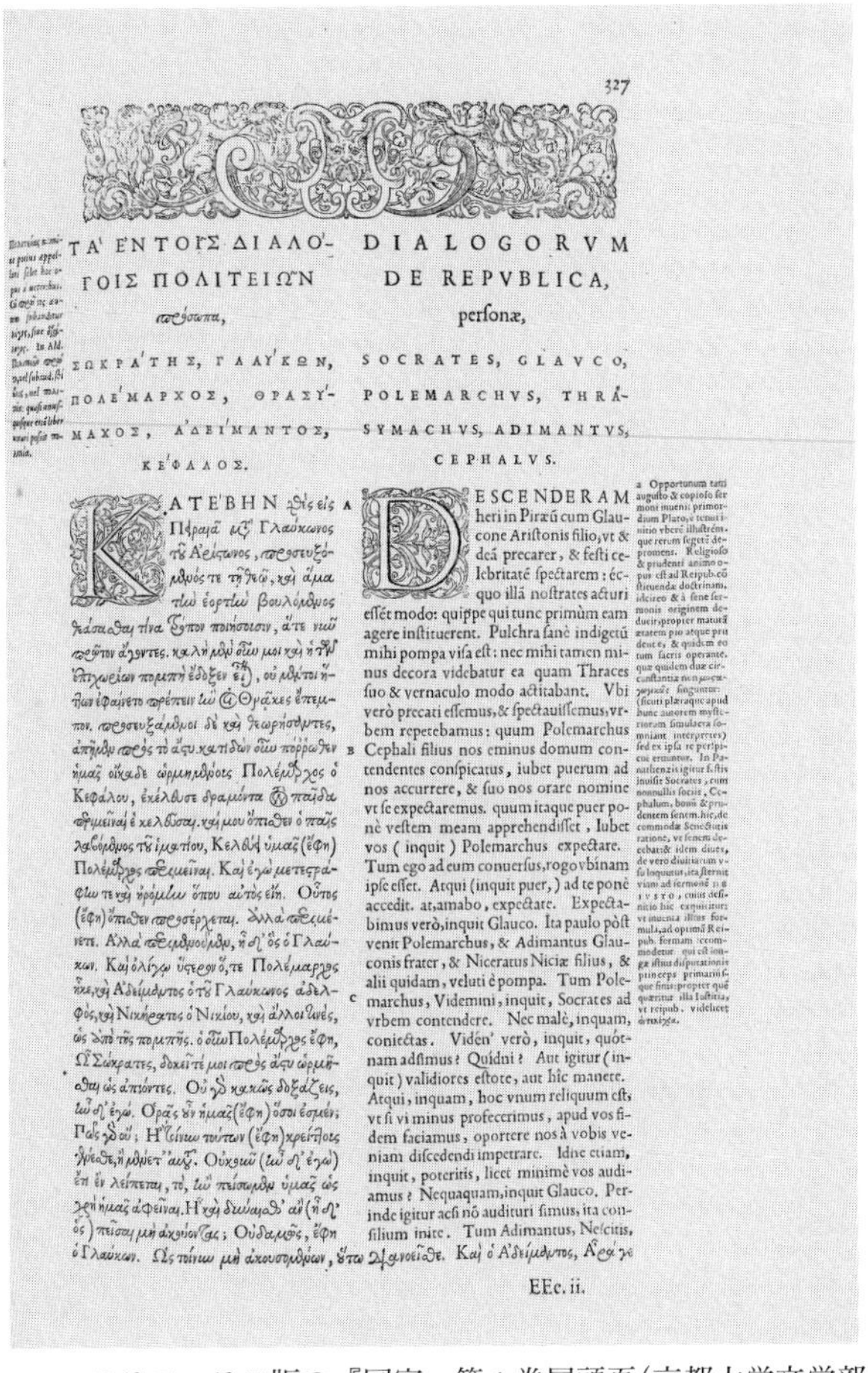

図 3 ——ステファヌス版の『国家』第 1 巻冒頭頁（京都大学文学部蔵）
左欄にステファヌス校訂によるギリシア語テクスト，右欄にヨハネス・セラヌス（1540-1598）によるラテン語訳を収め，中央に 10 行ごとの目印として A から E まで（この頁は C までだが）の符号を付してある．共同編纂者のセラヌスは相当量の注解（右端）なども書き入れているのだが，そのラテン語訳が不評で，またステファヌスとの意見対立などもあり，やや影の薄い存在となっている．

なっている。『国家』の邦訳の欄外にもそれが付されており、本書でも示しているとおりである。

ステファヌス版は文字どおりの『全集』であるとともに、本文校訂においても今日なお無視し得ないほどの高水準を達成している。それだけに刊行当初から圧倒的な人気と信頼を博し、一六世紀末から一九世紀に入ってしばらくするまでの二百数十年にわたって、西欧の哲学者や知識人たちが目にしたプラトンのテクストは、もっぱらこの版であった。フランス啓蒙思想家のディドロが獄中で『ソクラテスの弁明』の仏訳を手がけたときにも、明らかにこれに拠っている。またヘーゲル(一七七〇—一八三一)やシェリング(一七七五—一八五四)などは、南ドイツのツヴァイブリュッケンで一七八一年に出版されて広く流布したビポンティウム版(出版地のラテン語風呼称)を手にしているのだが、これも事実上ステファヌス版テクストをそのまま流用して刷り直したものであった。

ルネサンス後期に出版された古典作品の初期印刷本は、基本的には、すべてそれら中世写本のいずれか一つをもとに活字化したものである。最小限の校訂と照合はなされているが、写本の原文批判的扱いは、基本的にのちの近代古典文献学の成立をまたなければならない。プラトンのアルドゥス版もステファヌス版も同様で、ともにヴェネツィアの聖マルコ寺院に収蔵された筆写本(今日T写本と呼ばれるもの)によっている。T写本は南イタリアないしシチリア島のどこかから当地にもたらされたものと伝えられ、近代の文献学研究によれば、筆写年代は一〇ないし一一世紀、プラトン写本のうちでもとりわけすぐれた数本の一つと見なされている。ただし、伝来する最古のプラトン写本は、九世紀末ないし一〇世紀初頭のもので、パリ大学にあるA写本と呼ばれるもの、オックスフォード大学にあるB写本と呼ばれるものがそれであり、今日の校訂版ではいずれもその二つがとりわけ尊重されている。

なおステファヌス版の著作配列順は、トラシュロスの編纂に由来する伝統的な「四部作形式」にもとづくもの(T写本を含めて、中世有力写本は多くがそれに準拠している)とはまったく異っていて、独自に六部門立てした「体系」的配列を試みたものになっている。おそらくルネサンス期の新プラトン主義的哲学観を反映した新編集の結果なのであろう。

初期印刷本とギリシア語活字

グーテンベルクによる活字印刷法の発明は一五世紀後半のことであったが、ギリシア古典の活字本刊行は、ラテン語系の版本に較べて、半世紀ほど遅れて始まった。ギリシア語作品の読者層の比較的な薄さに加えて、活字組みが煩雑だったせいもある。ギリシア語の基本的な字母自体はローマン・アルファベットより少ないくらいだが、テクストにはアクセント記号などの補助記号を頻繁に付加していく必要がある。それらを適正に活字組みするためには、ラテン語に数倍する労力と技術が要求され、校正はさらに困難だったにちがいない(今日ワープロでギリシア語原文を打ってみれば、おおよその察しはつくだろう)。

その中にあって、書肆アルドゥスがギリシア古典を本格的に出し始めるにあたり、そのシステムを新規に確立し、「アルドゥス式活字セット」なるものを考案したことは、本来画期的な事績だったはずである。この版を見ると、各字母が明確に活字化され、しかも美しい統一的な字体をなしているのが容易に見てとれる。これはいかにも当然のことのように聞こえるかもしれない。しかし初期の印刷本は中世筆写本の代用量産化をコンセプトとしていたから、むしろ可能なかぎりそのヴィジュアル感覚を再現することが重視されていた。グーテンベルク聖書の場合、特に良版では部分的に肉筆筆写や見事な版彩色が施されているのもそのためである。活字書体にもそれは反映されて、ギリシア語については、各文字が流暢な筆記体を模倣するとともに、さまざまな複数文字の組み合わせを一体化した、一種の連綿体風装飾文字(「連字」といわれる)をそのまま活字化するような風潮が長らく優勢であった。

機能性重視のアルドゥス式活字セットは、すぐには定着しなかった。その合理性と読みやすさは、どうやら時代を先取りしすぎていたのであろう。ステファヌス版を見ても、なるほど各単語が一筆にペン書きされたように活字組みされていて、一見して活字印刷本とは思われない印象のものになっている。それを「鑑賞」するのも初期印刷本を手にする楽しみの一つではあろうが、実用的には必ずしもそぐわない凝りようだとも言わざるをえまい。一七世紀に入って、ようやく今日にまでつながるギリシア語活字の基本型が定まった(R・ポーソンによる)とはいえ、その後も比較的長く筆写本的雰囲気を温存しつづけており、一九世紀に降っても、しばしばなおいくつかの連字が残されているのが目にされる。現在われわれの使用しているギリシア語活字システムが、それらに較べると、きわめて簡潔で読みやすいものになっていることは一目瞭然である。

古典文献学による中世写本への遡源

以下は、ステファヌス版以降の経緯である。

近代西欧に古典研究が盛んになるにつれて、よりよい古典テクストを求めて、新手法の古典文献学が確立されていく。そこで追求された精緻な原文批判においては、「テクスト校訂は複数写本の比較校勘によるべし」(Fr・A・ヴォルフ、一八世紀後半)が基本原則とされ、また同一著作に多数の中世写本が伝存する場合、それらの間の臨写関係を推定して整理する「系図法」によって有力写本を決めることが主要な作業となった。この方法は、すでに初期活字印刷本時代の名高い人文主義者エラスムス(一四六六―一五三六)によって提唱されていたものであったが、それを十全な手順として確立し、実際に着手したのは、ヴォルフの弟子K・ラッハマン(一七九三―一八五一)であった。

プラトンの著作は、当然ながら、この時代の古典文献学における最も主要な研究分野をなした。一八世紀末から一九世紀を通じて、前述のように、ほぼ二〇〇の写本の存在が確認され、相ついで調査された結果、「系図法」的には、それらがおよそ七つの親写本あるいは有力写本 (archetype) に遡源するものとして整理づけられた。裏返して言えば、現存する多数のプラトン写本は、すべてそれらのいずれかから派生したものであることが確認され、したがって校訂は主としてそれら七つの比較を柱にして行われることになる。

さきに挙げたA、B、Tの記号を付されたものは、いずれも最も重要な親写本の位置を占めるもの

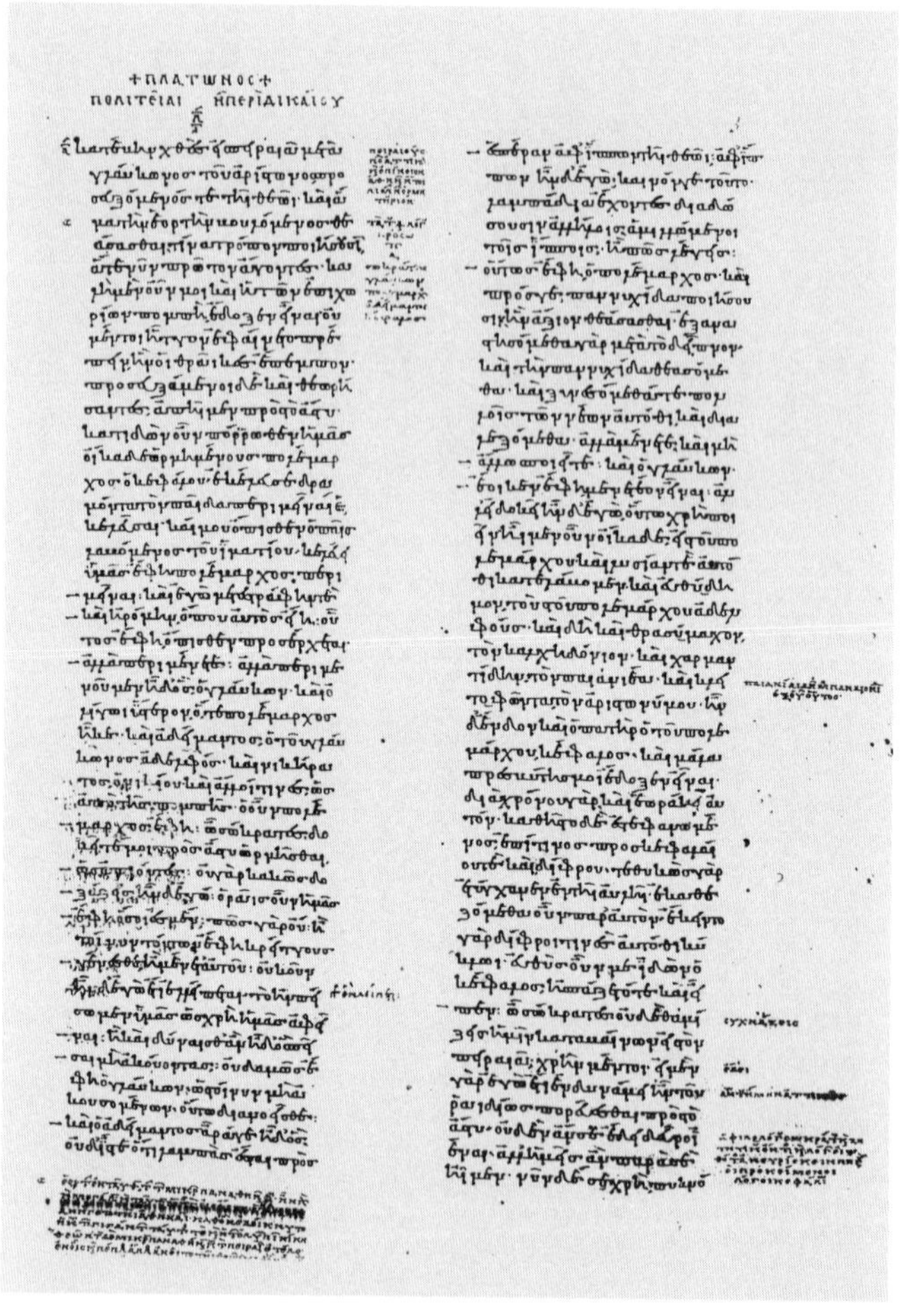

図 4 ―― A 写本(Parisianus graecus 1807)の『国家』第 1 巻冒頭頁
この写本は「第 VIII 四部作集」「第 IX 四部作集」および若干の小品を収める．ここには『国家』(全 10 巻)および『法律』(全 12 巻)が含まれているので，分量的にはほぼ全体の半分に相当する．

である。ほかに、ウィーン大学所蔵のW写本(一二世紀か)、Y写本(一四世紀か)、F写本(一三世紀か)、ヴァチカン図書館にあるP写本(一二世紀か)などがそれにあたる。これらは年代的にはさきの三者よりも新しいが、A、B、Tが結局は中世初期に想定される(すでに失われた)同一写本から派生しているものと見られるのに対して、W、Y、F、Pはそれぞれ系統を異にした独自のルーツに遡るものとして、A、B、Tへの対抗的意義が評価され、近年の校訂ではいっそう重要視されている。(ただし、これらのどれ一つとして、プラトンの全著作をまとめて伝えているものはなく、ごく大まかに言えば、B、T、Wはトラシュロス編纂順の前半部、AとFは後半部に対応し――いずれも元来は二分冊写本の片割れだったのであろう――、YとPはともに三割ほどの作品数を含む「選集」である。)

こうした古典文献学の黄金時代を主導したのは、先述したヴォルフやラッハマンの薫陶を受けたドイツの古典文献学者たちであった。中でもI・ベッカー(一七八五―一八七一)は、体系的な校訂の確立と精力的な活動によって広く知られている。彼は六一年間にわたってベルリン大学教授の職にあったが、その間大学に姿を見せることはまれなほどで、もっぱらヨーロッパ各地を渡り歩きながら写本の調査に費やす日々を送ったという。まずは「量」(写本の数)の充実を第一に心がけたベッカーは、おおまかながらも天才的な早業で、当時知られていたほとんどの古典関係写本に目を通している。校訂済みの各写本にアルファベットなどの略号を振り当てて異読を整理する方式を体系的に始めたのも彼であった。ただしプラトンの場合には、調査につれてその数があまりに多数に上ったために、ついにはドイツ語のヒゲ文字などまで動員した揚げ句に、収拾のつかない有様におちいってしまった。A写

表2——有力写本の収載テクスト

四部作集	A写本（900頃）	B写本（895）	T写本（11世紀）	W写本（12世紀?）	F写本（13世紀?）	Y写本（14世紀?）
Ⅰ		○	○	○		○
Ⅱ		○	○	○		○
Ⅲ		○	○	○		△
Ⅳ		○	○	○ 配列が異なる		△
Ⅴ		○	○	○		
Ⅵ		○	○	○	△	△
Ⅶ			○	○	○	△
Ⅷ	○		△	▲	○	△
Ⅸ	○				△	
その他	△					○

○ 各『四部作集』の4作品すべてを含む．△ その一部を含む．
▲ 後代の手により追加されたもの．

本、B写本などの略称も、したがって、ベッカーの方式に倣ったものではあるが、今日では、A写本のほかは、いずれも彼自身が割り当てた符号とはまるで対応しないものに改められてしまっている。彼としては「誇るべき」残念な結果ということになろうか。ついでながら、『アリストテレス全集』については、彼の編纂したベルリン・アカデミー版（一八三一—七〇年刊）が「標準版」とされ、一般にそれは彼の名を冠してベッカー版と呼ばれている。

奇跡のB写本発見

しかし、それらプラトン関係の有力写本のうちでも特に古くてすぐれたB写本については、ベッカーは十分に活用することなく終わった。この写本は、実は一九世紀になってはじめてその存在が知られるに至ったものである。エーゲ海のパトモス島でそれが発見されたのは、古典文献調査(あるいは写本獲得競争と言った方がよいかもしれない)たけなわの一八〇一年のことであった。その唐突な出現は、プラトン写本研究史における最もドラマティックなエピソード、というよりも一つの「事件」に類する波紋を広げていく。

ケンブリッジ大学の鉱物学者E・D・クラークが、旅の途次に立ち寄ったパトモス島のアポカリュプス派修道院で、たまたまそれが床に転がっているのを拾い上げたとき、写本は(彼自身が「旅行記」に記しているところによれば)「湿気と虫の餌食になるにまかされ」ほとんど消滅寸前の状態であった、とのことである。それは、数年をへて、オックスフォード大学のボドレー図書館に収められる。そして一八二〇年にTh・ゲイスフォード(一七七九―一八五五)による校訂の結果が公表されると、ただちにその卓越性が一般に認められた。

まぎれもなく、それは、伝存する最古のプラトン中世写本であった。奥書には「御創世から数えて六四〇四年の一一月、写字生Johannes がパトライの補祭 Arethas の委嘱により筆写せり。その報酬は……」とあり、ビザンツ教会暦によって換算すると、それは西暦八九五年に書写されたことになる。写本作成を委嘱した「アレタス」なる人物は、後にカエサリアの大主教にまでなった著名な聖職者である。筆写はきわめて美麗かつ丹念になされているうえに、おそらくはアレタス自身の手によると思しい訂正や欄外古注(スコリア)も書き加えられている。当然ながら、B写本の意義はほとんどセンセーショナルなまでに喧伝され、暗黙のうちに絶対的な有力原本と見なされたのだった。(なお、このとき発見されたのは二分冊写本の二冊目に当たるものである。とはいえ、実は、このB写本とほぼ同時代に作成された、もう一つの最有力写本のA写本もやはり二分冊のうちの一冊だが、それにはB写本にない前半部が筆写されていて、偶然ながら、これら両者を併せることで、九世紀末に遡るプラトンのテクストがほぼ完全に揃うことになったのである。）

しかし、ベッカーの先駆的活動を継承した次世代の人たち（M・シャンツ、J・クラルなど）は、彼がわずかに散見しただけのこの写本を校訂作業の中枢に繰り入れることによって、その真価を正当に評価するとともに、それとの対比において、むしろ他の写本のそれぞれに固有の存在意義を明らかにしていった。ベッカーの「量」に対して、写本の「質」を究明したのは彼らである。有力な対抗軸が定まることによって「系図」も明確になり、プラトンのテクストの校訂水準は飛躍的に高められた。最も遅れて西欧の古典学世界に登場した最古のB写本が、一九世紀プラトン研究の強力な牽引車となったと言ってよかろう。

プラトン原典の今

B写本発見からちょうど一〇〇年、次の世紀の変わり目にまたがった一八九九年から一九〇六年にかけて刊行されたオックスフォード版『プラトン全集』（J・バーネット校訂、全五分冊）は、そうした一九世紀古典文献学の成果の集大成に立つもので、以来今日に至るまで、それは実質上ステファヌス版にかわって新たな「標準版」の役割を果たしてきた（むろんその欄外にもステファヌス版の頁付が付されているが）。そして、さらにそれから一〇〇年、目下新たなオックスフォード版『プラトン全

ΠΟΛΙΤΕΙΑ

Α I.

ΣΩΚΡΑΤΗΣ St. II p. 327

Κατέβην χθὲς εἰς Πειραιᾶ μετὰ Γλαύκωνος τοῦ Ἀρί- a
στωνος προσευξόμενός τε τῇ θεῷ καὶ ἅμα τὴν ἑορτὴν
βουλόμενος θεάσασθαι τίνα τρόπον ποιήσουσιν ἅτε νῦν
πρῶτον ἄγοντες. καλὴ μὲν οὖν μοι καὶ ἡ τῶν ἐπιχωρίων
πομπὴ ἔδοξεν εἶναι, οὐ μέντοι ἧττον ἐφαίνετο πρέπειν ἣν οἱ
Θρᾷκες ἔπεμπον. προσευξάμενοι δὲ καὶ θεωρήσαντες ἀπῇμεν b
πρὸς τὸ ἄστυ. κατιδὼν οὖν πόρρωθεν ἡμᾶς οἴκαδε ὡρμημέ-
νους Πολέμαρχος ὁ Κεφάλου ἐκέλευσε δραμόντα τὸν παῖδα
περιμεῖναί ἑ κελεῦσαι. καί μου ὄπισθεν ὁ παῖς λαβόμενος τοῦ
ἱματίου, Κελεύει ὑμᾶς, ἔφη, Πολέμαρχος περιμεῖναι. καὶ ἐγὼ
μετεστράφην τε καὶ ἠρόμην ὅπου αὐτὸς εἴη. Οὗτος, ἔφη,
ὄπισθεν προσέρχεται· ἀλλὰ περιμένετε. Ἀλλὰ περιμενοῦμεν,
ἦ δ' ὃς ὁ Γλαύκων.

Καὶ ὀλίγῳ ὕστερον ὅ τε Πολέμαρχος ἧκε καὶ Ἀδείμαντος ὁ c
τοῦ Γλαύκωνος ἀδελφὸς καὶ Νικήρατος ὁ Νικίου καὶ ἄλλοι
τινὲς ὡς ἀπὸ τῆς πομπῆς.

Ὁ οὖν Πολέμαρχος ἔφη· Ὦ Σώκρατες, δοκεῖτέ μοι πρὸς ἄστυ ὡρμῆσθαι ὡς ἀπιόντες.

Οὐ γὰρ κακῶς δοξάζεις, ἦν δ' ἐγώ.

Ὁρᾷς οὖν ἡμᾶς, ἔφη, ὅσοι ἐσμέν;

Titulus *πολιτείας πρῶτον* FD: *πολιτεῖαι ἢ περὶ δικαίου* A, sed *πολιτείας ἢ περὶ δικαίου α* A in subscr. (et ita similiter in omnium librorum praescriptionibus et subscriptionibus): *πολιτεία* Aristot. alii: *πολιτεία ἢ περὶ δικαίου, πολιτικός* Thrasyllus: *πολιτεῖαι* Antiatt. alii 327b3 *τὸν παῖδα δραμόντα* F b4 *ἑ* A³DF: om. A c2 *ἄλλοι πολλοί* F c3 *ὡς* om. D c5 *τὸ ἄστυ* F

I

図 5 ―― S. R. スリングス校訂による OCT 版『国家』第 1 巻冒頭頁

集』の刊行が(故)S・R・スリングス、D・B・ロビンソン、E・A・デュークらの古典文献学者グループによって進められており、その第一分冊が一九九五年に刊行開始され、ついでスリングスによる『国家』が二〇〇三年に出された。全五分冊が完結するのは、おそらくまだ遠い先であろうが、より網羅的で完全な写本調査を踏まえて校訂されたこの成果(諸写本の比較による異読が正確かつ豊富に記載されている)は、ひとまず近代の古典文献学の理想を可能なかぎり実現したものと言えよう。それが完成されたときには、最良のプラトン原典として、さらに新たな「標準版」となることが広く期待されている。

第四章 『国家』の読まれ方

古代・中世における『国家』の位置

今日のわれわれからはむしろ不思議にも思われることだが、『国家』は、書かれたときからの長い歴史を通じて、必ずしもつねにプラトンの最も重要な著作として位置づけられてきたわけではなかった。むろん古代にもよく読まれたことは確かである。アリストテレスは、ソクラテスの語る理想国実現のための方策を事細かく批判的に検討しているし(『政治学』第二巻)、より顕著な影響がキケロに見られる。「対話篇」形式で書かれた作品の一つ『国家について』は、直接的にプラトンに倣ったもので、今日かなり不完全なかたちで伝わっているこの書の一部をなすと思われる「スキピオの夢」と名づけられた個所には、祖国のために尽力した政治家に与えられる真の報酬のことが、宇宙的視野の中で語られ、まさにプラトンの『国家』を彷彿させる。また哲学論としては、古代後期のプロティノスや新プラトン派の人たちに重視され、特に『国家』第六巻から第七巻にかけて論じられる「善のイデア」およびそれをめぐる三つの比喩──「太陽」「線分」「洞窟」──は、『パルメニデス』の《一》と《ある》をめぐるディアレクティケーの迷宮とともに、彼らの哲学の主要な源泉となった。この個所にプラトン哲学の一つの頂点を見る伝統は彼らに始まる。また、プロティノスがプラトンの理想に即した新たな国家《ポリス》、「プラトノポリス」をカンパニア地方に造営しようと企図したことは、政治的実践への意欲が、なお息づいていたことを証している。

とはいえ、これらもまた、後代におけるプラトン哲学の多様な受容の諸相のいくらかであって、総じて『国家』はプラトンの重要な著作の一つと見なされていたということ以上の意味を持つものではない。プラトン哲学やアリストテレス哲学がストア主義を凌駕して古代思想の主流となってくるのは紀元後のことであるが、その時代以降、アカデメイアを復興させた新プラトン派の取り組みを別にすれば、ほぼ一貫してとりわけ重視され、プラトンの主著としての地位に置かれたのは、何と言っても『ティマイオス』であった。その趨勢は、プロティノスの影響を深く受けたアウグスティヌス(三五四―四三〇)の神学や、『ティマイオス』前半部のラテン語訳と注解を著したカルキディウス(四世紀前半)、『哲学の慰め』で知られるボエティウス(四八〇―五二五)らを介して西欧中世に流入し、ルネサンス期におけるプラトニズムの復興まで変わることなくつづいていく。この時期、さらに注目されるのは、アラブ＝イスラム世界に伝播したプラトニズムの流れで、その中では『国家』が政治の書としてクローズアップされ、聖・俗両世界にわたる権力者としての宗教指導者の理想が「哲人王」に重ね合わせて論じられた。

ルネサンス期――「ユートピア」論としての『国家』

ルネサンス期に東方ビザンツの伝統の流入に始まった、西欧近世におけるプラトン思想の新たな受容は、大きく見れば、やはりそれ以前からのキリスト教化された新プラトン主義を基調とする傾向が長らく支配的であったが、同時に新時代の自由精神の拠り所として、多方面にわたって豊かな刺激を与えたことはまぎれもない。それとともに、従来とは異なる清新なプラトン像が「発見」されていく。その流れの中でも、『国家』はよく読まれたものの一つではあったが、必ずしも特別の書というわけではなかった。特にその国家論・政治論的側面が正面から論じられることは稀であったが、「ユートピア」的理想社会を描いた「文学作品」として大きな注目を集めた。トマス・モア(一四七八―一五三五)の『ユートピア』、フランシス・ベーコン(一五六一―一六二六)の『ニュー・アトランティス』、トマソ・カンパネラ(一五六八―一六三九)の『太陽の都』などの「ユートピア文学」が相ついで出されたことは、ルネサンス期のプラトン流行の一端をよく物語っている。彼らがほぼ共通して厳格な国家統制の下での共産主義的平等の「理想」を描いているのは(ベーコンはむしろ科学研究共同体に重点を置いているが)、プラトンの理想国とはまったく似て非なるものとはいえ、そこから多くの刺激と着想を得ていることは明らかである。その伝統は、プラトンの直接的影響からは離れながらも、フランス啓蒙主義のヴォルテール(一六九四―一七七八)らを経て、W・モリス(一八三四―一八九六)の『ユートピア便り』やS・バトラー(一八三五—一九〇二)の『エレホン』などにまで受け継がれていく。

近代におけるプラトン「再発見」

近代におけるプラトン再発見に最も根本的なところで寄与したのは、古典文献学の発展と、ドイツの宗教史家F・シュライエルマッハー(一七六八—一八三四)によって開かれた解釈学的方法の適用にあったと言ってよかろう。後者は第三章で触れた「発展史的」プラトン像によって大きく揺るがされたにせよ、今も読まれている彼の手になるプラトン著作のドイツ語訳とともに、より深いところで、以後も新たなプラトン研究の核となっていく。またプラトン再発見の動向は、専門研究の世界のみならず、次第に一般社会の知識人層にも波及していった。一九世紀に入ったあたりから、ようやく『国家』がプラトン哲学を代表する著作として脚光を浴びるようになったのは、固有の学術世界と一般社会との往来の場においてであった。

その顕著な隆盛が、一九世紀イギリスのヴィクトリア王朝下に、ほとんど突如として訪れた。功利主義の哲学者・経済学者として高名なジョン・ステュアート・ミル(一八〇六—一八七三)を中心とする知識人サークルでは、古代ギリシア思想、とりわけプラトンに対して高い関心が払われ、『国家』もしきりに論じられた。当時のヨーロッパは進歩と革命の時代でもあったから、理想国家とともに諸政体の盛衰の本質を論じている本書が政治の書としてのリアリティを持ち始めていたことも、大きな背景となっていた。サークルの一員で、銀行家・政治家のジョージ・グロート(一七八四—一八七一)は、大部の『ギリシア史』を著し、その中でアテナイ民主制の歴史と理念、それによって実現された古代アテナイ社会を理想的に描き賞賛している。ここにはミルのサークルの動向が明瞭に反映されているものと見ることができよう。彼はさらに、プラトンの生涯と全著作の内容をそれぞれ詳しく解説した著書『プラトン』をも著し、『国家』についても政治学書として本格的に論じている。いずれも当時における第一級の学識に裏付けられた作品で、特に彼の『ギリシア史』は、当時のヨーロッパ全土で広く読まれ、「ギリシアの理想」が風靡する大きな要因となった。

ヴィクトリア朝における『国家』の復権

ちょうどグロートが没した一八七一年に公刊された新たな英訳『プラトン全集』は、この時代のプラトン・ブームをさらに決定的なものにした。訳者はベンジャミン・ジョウェット(一八一七―一八九三)。その平明な翻訳はとりわけすぐれたもので、当時の一般市民にプラトンを普及させるのに大きな役割を果たすとともに、今日もなお標準的な英訳の一つとして広く読まれている。彼は、市民労働者が国家社会の積極的な担い手となりつつあった時代の新たな政治哲学を目指す、オックスフォードの理想主義哲学者の一人であった。プラトンへの関心もその立場からのもので、彼は、この古代の「理想主義」哲学者の思想に、個々人の倫理的生のあり方と国家の理想的政治のあり方との統合の可能性を読み取ろうとして、とりわけ政治の書、ユートピア的理想社会追求の書としての『国家』に関心を傾注した。

ジョウェットの貢献と理想主義哲学の盛行によって、『国家』がプラトンの代表作として位置づけられると、それはたちまち知識人、大学人の間での第一の必読書となった。彼らはそこによりよき国家社会とその中でのみずからの生の指針を見いだすことを課題とした。ヴィクトリア朝のエリートたちの間には、プラトン的理想国の「守護者」(第II部第三章参照)たちにみずからを重ね、自己本位を非とし公共社会のために奉仕することを当然の責務とする意識が広がって行った。『国家』はこの時代に確立された「古典的教養」理念の中心的役割を担い、教育の機会均等や女性の社会進出を促進する社会運動や、さまざまな面で貴族的特権の余地をなくしていく方向への意識変化にも、大きな影響を与えた。

戦争と革命の時代における『国家』

ほぼ同じ時代に、さきの「ユートピア」思想は、強い政治性を帯びた「空想的社会主義」の動向と結びつきながら過激化していき、その中でプラトンの『国家』は、もはやそれ自体とはまったく無関係なところで、さまざまな国家思想の源流と見なされることにもなった。そして、さらに一九世紀末からのドイツにおいて全く別の相貌を与えられることになる。

この時代のドイツにおいても、古代ギリシアは人文主義的教養理念の具現された世界として憧れ見られ、この国の古典学は、文献学研究においても、文学・思想研究においても、世界をリードする地位を保っていた。しかし、それとは流れを異にしながら、「国家学」というカント以来のドイツ的学の領域に古代ギリシア世界も組み入れられ、プラトンの『国家』がここでも理論的支柱の役割を与えられた。たとえばゲオルゲ派の一人、K・ヒルデブラント(一八八一―一九六六)の『プラトン――精神の権力闘争』の熱っぽい論調は、興隆しつつあったドイツという国民国家の理念的基盤を形成するという意図においては、イギリスの理想主義的な古典受容と軌を一にするものであったと言うことができよう。しかし、二〇世紀前半のドイツにおける国家学は全体主義的独裁を標榜するナチス政権と結びつき、両者は共振現象を起こすようにして、暴力と狂気が支配する現実とそれを正当化しようとする誤った理論の先鋭化へと突き進んでいった。そこではプラトンの『国家』における議論のすべてが、彼らの都合に合わせた仕方で切り刻まれて、まったく異なった脈絡の中に転用されている。イデオロギー化された理解の中では、必然的に事柄の一面だけがすくい取られることになる。一九世紀イギリスではエリート階層がジェントルマン精神の範とすべきものとされたプラトンの「守護者」たちは、ナチス・ドイツの時代には独裁政権に忠誠を誓うファシストの理想像と化した。プラトンが国家の内部的対立や分裂を克服するために提案した諸項目は、すべて全体主義という全く相容れない国是のための施策へと換骨奪胎されたのである。

第二次大戦後、プラトンがあたかも戦争犯罪人であるかのような厳しい批判にさらされたのも、ある種の必然だったことは否めない。しかも、その後の世界でもソヴィエト連邦はより強力になり、その周辺の東欧諸国や中国などにも社会主義政権が出現して、一党独裁による全体主義体制はなお現実の問題であった。帝国主義的進出や全体主義と自由主義、民主主義のせめぎ合いがつづく中で、諸国家が世界的な規模で争いを繰り返した二〇世紀の様相は、ソクラテスとプラトンの時代のギリシア世界と奇妙に符合する。それだけに、『国家』における発言の多くが、(コンテクストを無視すればするほど)当時の諸状況に対してリアルな意味を帯びたものとして、警戒や共感を呼び覚ましたのである。そうした時期におけるプラトン弾劾は、ペロポネソス戦争後のアテナイにおける、誤解まみれのソクラテス裁判を思い起こさせないでもあるまい。

最もよく知られたプラトン批判は、K・ポパー(一九〇二―一九九四)の『開かれた社会とその敵』の第一部「プラトンの呪文」に論じられたものであろうが、他にもB・ファリントン(一八九一―一九七四)のような古典学者や、改革的政治家のR・H・S・クロスマン(一九〇七―一九七四)などによっても手きびしい判定が下されていた。それらの批判の多くは誤解と誤読に満ちたもので、とりわけポパーの有無を言わせぬ「全体主義者プラトン」という論調があまりにも性急な論難であったことは、その当時からもプラトン学者たちの目には明らかだった。その一人G・C・フィールド(一八八七―一九五五)は、「このテーマをめぐる今日の論争においては、プラトンに関する粗雑で明白な誤りを訂正することに、あまりにも多くの時間を費やさねばならず、そのために、彼の思想を至当な仕方で着実に評価することがかえっていっそうむずかしくさせられているという事態は、まことに残念である」と書かなければならなかった(G. C. Field, *The Philosophy of Plato*, 1969², p. 148)。

とはいえ、プラトンに対するポパーの激しい「呪文」は、なるほど大きくゆがめられた理解にもとづくものであることは確かであっても、とりわけ政治の書としての『国家』には、そうした対抗心を掻き立てるだけのラディカル(根源的)な「挑発力」がひそめられているとも言うべきかもしれない。ポパーは時局性を越えたところでもそれを感知していたのであろう。プラトンの仕掛けた方策の逐一がすべての既成の体制秩序を否定するものであるとともに、通念を根底から覆すきわどい逆説とアイロニーの奥に真の企図が込められた議論を適切に読み解いていくことは、本来容易ではあるまい。そこには深い誤解も恣意的曲解の可能性もまた陥穽のように待ち受けているとすれば、『国家』とは常に「危険な書」であることをもやめはしないであろう。

「理想的な範型」の意味するもの

しかし、二一世紀の今日では、この書をめぐる激しい「政治の季節」は過ぎ去ったようにも思われる。『国家』は依然としてプラトンの主著と見なされていることに変わりがないが、少なくともそこに何らかのイデオロギーが影を落とすような仕方での浅薄な読まれ方がされることはなくなった。「哲人王」を全体主義的独裁者になぞらえることは、およそ議論の余地のないまでの誤りであるが、それのみならず、より広く一九世紀イギリスにおいて始められたような、『国家』のうちに政治や社会の状況の改革に直接範となるべき指針を見いだそうとすることが、すでにどこかに誤解の因をはらんでいると言うべきかもしれない。

もともとプラトンがソクラテスに語らせた国家像は、「言葉の上での」必然性を純粋条件的にたどりながら描き出したもので、それ以外の仕方では「国々にとって不幸のやむときはないし、また人類にとっても同様」(第五巻 473D)ではあるが、その実現性は、ほとんどなきに等しい偶然(テュケー)を待つほかないこととされていたのである。しかし、そのことが忘れられて現実的な施策の側に短絡的に組み入れられるとき、いつでもそれは、多かれ少なかれ、グロテスクな相貌を帯びてしまうことが避けられないだろう。

「哲人王」という思想がどれほどパラドクシカルな思考実験であるかは、第五巻においてそれが表明される議論の経緯にも、明瞭に示されている。第II部第五章で触れるように、ここでプラトンは、あらかじめ家族・私有財産の禁止(しかも国家の支配者階層のみに対して)や男女の社会的役割の平等性という、当時のアテナイ人にとっておよそ途方もない絵空事を、しかしそれらがいかに国家にとって必然的な要請であるかを、あえて語ったうえで、それ以上にはるかに現実を無視した提案として、ようやく哲学的英知と政治的権力との一体化が論じられるのである。

この国家は、むしろ非実現性を前提として構想されている。「われわれは実現可能なことを語っているのであり、それはけっして不可能ではない」と繰り返し語りながら、ソクラテスが議論を進めているのは、むしろ現実化への距離の大きさを強調しながら、そのようなものとしてなお現実的意味を持ちうるものであることを示唆していよう。議論の終わり近くでは、そのことを改めて確認するように、これまで論じてきた「言論のうちに存在する国家」は「おそらく理想的な範型として、天上に捧げられて存在するだろう」と語っている(第九巻 592B)。

「哲人王」もまた、およそ実現を期しがたい理想として位置することで意味を持ちうるのだが、しばしばそのことが忘れ去られて、ただちに現実そのものの中で、あたかも絶対至高の権力による画一的な国民統制がプラトンの政治理念であるかのように解されがちだった。しかし、プラトンの基盤にある考え方は、それとはまさに正反対のものであり、「哲人王」とは、多様にして転変きわまりない現実のすべてを切り捨てることなく、逆に微細精緻に見きわめ尽くす政治的英知のシンボルとして、想定された存在である。むろん、もしいつか彼が地上に出現するときがきたとしても、彼は天上に捧げられた「理想の範型」をそのまま現実に押しつけることはしないであろう。ソクラテスが留保する次のような注意は、そのことに重なっている。「それでは、われわれが言葉によって述べたとおりの事柄が、実際においても、何から何まで完全に行なわれうるということを示さなければならぬと、ぼくに無理強いしないでくれたまえ。むしろ、どのようにすれば国家が、われわれの記述にできるだけ近い仕方で治められうるかを発見したならば、それでわれわれは、事の実現可能性を見出して君の要求にこたえたことになるのだと、認めてくれたまえ」(第五巻 473A-B)。

『国家』の多面性

さしあたり本書では、「国家論」としての『国家』を視野の中心に置いてきた。最後にわずかに付け加えておけば、過度に「政治の書」として現実の文脈に合わせて読まれた時代がつづいたこの著作に対して、むしろそれとは異なる方向からのアプローチに重点を置く解釈が、二〇世紀の半ばあたりから、改めて提示されてきている。すなわち、『国家』の眼目は政治論ではなく、それは人間の魂という「内なる国家」における諸徳のあり方を探究し、十全な徳を身につけそれに従って生きることが幸福という人生目標を達成する道であることを語った「倫理の書」である、と解する立場である(たとえばJ・アナスによって)。もともと『国家』は正義という徳目について論ずることが主題であり、仮想の国家建設はそれを人間の魂のうちに探査するためのより大きなモデル作りという設定で議論が進められたことからすれば、そこに一つのモチーフがあることはまぎれもない。事実、そのように読まれてきた古くからの歴史もある。

とはいえ、『国家』は「政治の書」か「倫理の書」かという問題は、必ずしも二者択一を迫るものではあるまい。少なくとも、もともとそれがどちらであったかを問うことはあまり意味のないことに思われる。問いはむしろわれわれがそこから何を読み出すかというかたちで成立するのであろう。これまで見てきたように、『国家』はさまざまな時代と人によってさらにさまざまに読まれてきた。おそらくそのいずれにもプラトンは宿っているのだろう。やや強引な言い方をすれば、誤読をも含めてそのすべてが『国家』という一つの書なのである。

第二章で見たように、プラトンは著作ということの意義と危うさに深く意識をめぐらせていた。「どんな言論にせよ、一旦書物に著されると、それを理解する人たちのところであろうと、まったく不適切な人たちのところであろうと等し並みに至るところ転々と巡り歩き、誰に語りかけ、誰に語りかけてはならないかの見境がつけられない。そして、ひどく誤解を受けたり、不当にののしられたりして、いつでも父親たる著者の救援を必要とする状態に置かれている。自分だけでは自分の身を守り助け出す力がないのだから」(『パイドロス』275D-E)というソクラテスの指摘は、まるで『国家』がその後にたどった歴史を予告しているようではないか。しかし、プラトンはそのことをも重々承知の上で、それを「書物の旅路」へと送り出したにちがいない。なるほど宛てのない著述は、真に相応しい魂を見いだして交わす生きた対話に較べれば、他愛ない「戯れ事(パイディアー)」にすぎないかもしれないが、そして書かれたものはたえず誤解とののしりにさらされるかもしれないが、それでもなお「自分自身のために、そしてまた同じ足跡をたどって探究の道を進むすべての人のために《覚え書き》を蓄えること」(同 276D)に期待をよせているのである。

*

「どこへでも議論が風のようにぼくたちを運んで行くほうへと、進んで行かなければならない」とソクラテスが言うように(第三巻 394D)、「対話篇」という自在な展開の中に、きわめて多様な問題と論点が絡み合い、ときに逸脱を重ねていく『国家』の議論を追いかけるのは容易ではない。第II部では、ひとまずその根幹をなしている部分として、対話者たちのさりげない会話から「正義とは何か」という問いが引き出され、その考察のためにモデル国家の建設がなされていく過程、そしてそれが哲学論へとつながっていく過程を、なるべく見やすいかたちで取り出してみたい。こぼれ落ちた議論は多いが、すでに以上の個所にそれらの多くが相互に入り組み合ってもいる。まず最初にその骨格を見通すことは、他の議論の理解にも大いに役立つはずである。そして何よりも、大胆な提案とパラドックスに満ちた「言葉の上での国家建設」は、われわれに「驚き」という哲学への第一歩を踏み出させてくれるであろう。

第Ⅱ部
作品世界を読む

「一つの国家」を目指す対話

第一章　ベンディス祭の夜

（第一巻 327A-331D）

アテナイの市域から外港ペイライエウスへ祭礼の見物に出かけたソクラテスは、その地に住むケパロス一家の邸宅へ強引に誘われる。そこに集まっていた多くの知人たちと歓談するうちに、ケパロスとソクラテスとのやりとりの中から「正義とは何か」という主題が引き出される。

プラトンを読む／ソクラテスを聞く

きのうぼくは、アリストンの息子グラウコンといっしょに、ペイライエウスまで降って行った。女神にお祈りを捧げるためだったが、もうひとつには、そのお祭りがこんど初めての催しだったので、どんなふうに行われるものか、見物してみたいという気持もあった。　（327A）

こう語り始めるのはソクラテス自身である。この「対話篇」の全体は、彼が「きのう」(昼下がりの頃から、おそらくは夜を徹して)交わした対話を、その次の日にある人に語って聞かせる、という枠組みの中に展開されている。むろん、われわれが本書を読むとき、われわれ自身をその聴き手の位置に想定することもできよう。「読む」という営為が、だれか(たとえば読み書きの得意な召使い)に読み上げさせて、それに聞き入るという仕方でなされるのが通例であった古代ギリシアの「読者」にとっては、そうした仮想はいっそう自然になされたであろう。そして叙述は、まさにソクラテスの口調を引き写しにしたように、さりげない彼の日常の一齣から始まり、ごくありふれた場面と会話の進行の中で、ゆるやかに議論の中心へとわれわれを引き入れていく。

もっとも、『国家』という大きな作品の場合には、そのさりげない導入部の内にすでに全篇の展開を考慮に入れた、著者プラトンのさまざまな意図が張りめぐらされているのではないか、とも多くの人たちによって考えられてきた。

やや奇妙なエピソードも伝わっている。プラトンの死後百数十年ほど後の時代の人たち、エウポリオン(アカデメイアに学んだ前三世紀の学者、詩人)やパナイティオス(前一八五—一〇九頃。中期ストア派の哲学者)に遡る報告によれば、『国家』の冒頭個所は何度も書き改められている形跡が見いだされた、という(ディオゲネス・ラエルティオス『ギリシア哲学者列伝』第三巻三七節)。また、ハリカルナッソスのディオニュシオス(前一世紀後半の歴史家、文学研究家)は、より具体的に、プラトンの死後に冒頭の一文について幾通りもの草稿が下書き用のロウ板に書き残されていた、とも述べている。それは、この古代修辞学の権威者の目には、プラトンが晩年にいたってもなお自著の文章表現に彫琢を加えていたことを示唆するものに映った。

対話は「降って行った」という語に始まる

この伝承と直接結びついたことがらではないが、さきに掲げた『国家』冒頭の一節については、著者の深い企図を読みとろうとする試みが、古くからなされてきた。原文では「降って行った(Καθέβην)」の語が先頭に置かれているが(Καθέβην χθὲς εἰς Πειραιᾶ...「(わたしは)降って行った/きのう/ペイライエウスへ……」)、この書について長大な注解書を著したプロクロス(後五世紀の新プラトン主義哲学者)は、すでにそこに著作の全体を支配する深い象徴性を見いだそうとしている。なるほど、彼が示唆しているように、「降り行き(カタバシス κατάβασις)」は、本書の中核部と結末の、きわめて目に立つ場面に登場する重要なモチーフである。いずれ触れるように、第七巻では知の「上昇」過程をたどりきってイデアの観想を実現した「哲学者」が、そこにとどまることなく、現実の政治の場へと「下降」して国家の統治に当たらなければならないことが語られ、また全一〇巻の結びに置かれた「エルの神話」は、(臨死状態において)かの世へと「降って行った」人物が奇跡的に生還して物語る壮大な終末論的世界絵巻である。プロクロスによれば、冒頭の一語は、それらの場面を予示しつつ、全体にわたるトーン・モチーフを響かせているというのである。

たしかに、ソクラテスがアテナイの市域、特に若者たちの集まる広場や体育場などを離れるのはご

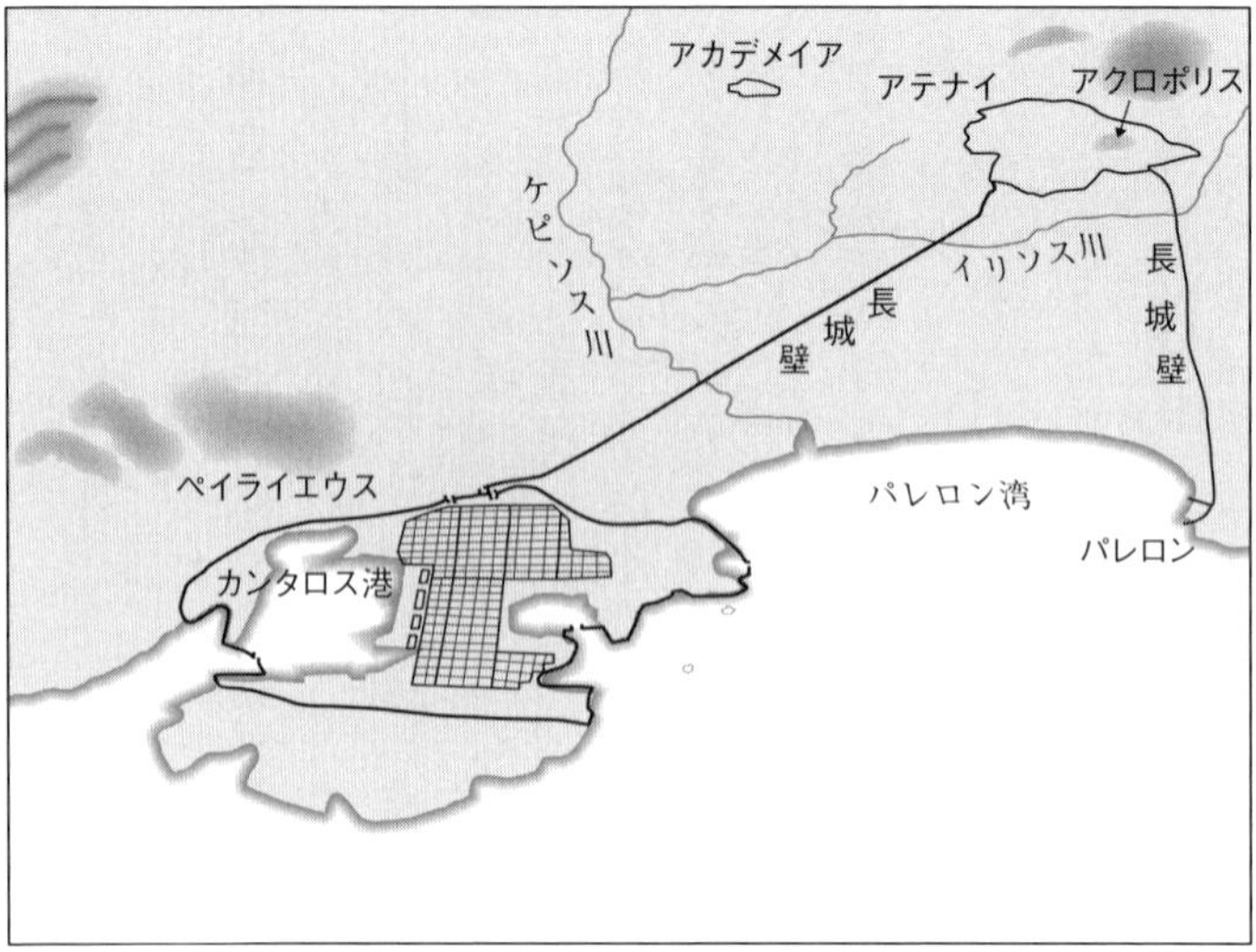

図 6——ペイライエウスとアテナイ市域中心部
アクロポリス周辺部から延びた長城壁が，一方はペイライエウスに，もう一方はパレロン湾の端に達して，広大な地域を要塞化していた．ペロポネソス戦争期には，この中に多数のアテナイ人が集住して，敵の侵略に対抗した．左上方(北西郊外)にアカデメイアがある．J. M. Camp, *The Archaeology of Athens*, 2001, p. 7 の図をもとに描き起こし．

くまれである。その意味では、この「降り行き」は格別なことかもしれない。彼が登場する多数のプラトン「対話篇」全体を見ても、そうした舞台設定は、このほかには、城壁外を流れるイリソス川沿いの草地に坐して美しい若者と二人で対話を交わす『パイドロス』の場合があるにすぎない(クレタ島の山路を歩みつつ対話が交わされる『法律』には、ソクラテスは登場しない)。

『国家』がアテナイの中心部から一〇キロほど南西に下った外港ペイライエウス(ピレフス)への「下降」に始まっていることは、『饗宴』が海岸方面からアテナイ市中への「遡行」のことから語り始められていることにしばしば対照されている。この「対話篇」では、悲劇のコンクールに優勝したアガトンの祝賀の宴の様子を、幾重もの又聞きで報告するアポロドロスが、つい数日前にも、ペイライエウスから遠からぬ海岸町パレロンの自宅を出て市中への道すがら、同じ話をしたばかりだとされているのである。エロース(恋)による精神の高揚と美のイデアへの行程が語られるこの「対話篇」が、「上昇」のベクトルに一貫されていることは見やすい。また、それに対して、『国家』においてソクラテスがペイライエウスへと「降って」行ったことが繰り返し強調されていることはたしかであろう。「降り行き」の語はやや後にも現れている(328C)。

とはいえ、ペイライエウスへの「下降」そのものは何かを示唆しているのだろうか。もし何か意味を見いだそうとすれば、それを担っているのは外港ペイライエウスの混沌と喧噪であろうか。プラトンは、ポリス(都市国家)の自己完結性を揺るがすものとして、「海」への強い警戒を発している。港とは外に開かれた、国家的統一体の綻《ほころ》び目のようなものだ。そこには多くの異国人(居留民)たちが集住し、交易活動や製造業を営んでいる。プラトンはなるほど意図してそうした場所でソクラテスに対話させたのかもしれない。『国家』が書かれた時代、すなわち前四世紀も半ばに近づこうとしていた頃には、ポリスという国家制度は限界を露呈しつつあった。プラトンはそのことをはっきりと予見していた。その危機意識がソクラテスをペイライエウスへ、国家的秩序の混沌と破綻が先取りされている地へと連れ出したのだと言ってもよかろう。つまり、そこは前五世紀を生きたソクラテスのロゴスが次世紀の、すなわちプラトン自身の直面しつつある時代のあるがままの世界をまるごと引き受ける場なのである。実際、祭礼の見物を終えてアテナイの市域へ戻ろうとするソクラテスは、港町に居住するポレマルコスの一行に呼び止められ、彼の屋敷内へ強引に引っ張り込まれて、対話はそこで交わされることになる。ポレマルコスと彼の弟のリュシアス、そして彼らの父親のケパロスたち一族は、シケリア(シチリア)からの居留外国人(メトイコイ)で、以前からソクラテスと親しい間柄だった。冒頭の引用につづいて、ソクラテスはこう語っている。

お参りもすませたし、見物も終わったので、ぼくたちは都《まち》へ向かって引き上げはじめた。するとケパロスの息子ポレマルコスが、家路を急ぎはじめたぼくたちの姿を遠くから見つけて、召使いの子供に、走って行って自分を待つようにお願いしなさいと言いつけた。(327B)

対話の設定年代

実は、この対話篇の舞台の年代設定については、さまざまに齟齬が指摘されている。作品中で言及されている歴史的事実のうち年代推定が可能なものがいくつかあるが、それらをうまく整合させて、この対話が何年頃に行われたものと想定されているかを決めることがうまくできないのである。近代の研究では一九世紀後半にP・A・ベックが主張して以来、前四一〇年頃(ソクラテス六〇歳頃)とする説が長く有力視されてきた。たしかに、対話相手の一人である弁論家トラシュマコスの活動時期や、格闘技家ポリュダマスへの言及(338C)はそれに合致させやすい。しかしソクラテスが最初に短い対話を交わす、重要な役割を演じているケパロスの年齢関係は、より早い年代を示唆している。彼がその時期まで存命だったとは考えにくく、むしろすでにその二〇年ほど前に(ひょっとするとペロポネソス戦争初期に起こった疫病の大流行で)没したものと思われるからである。とすれば、対話の舞台は前四三〇年頃(ソクラテス四〇歳頃)ということになる。前四二一年の「ニキアスの和平」によりペロポネソス戦争が一時停戦に入った頃を想定することもときに行われるが、全篇にみなぎる明るい雰囲気は、むしろいまだ戦争の影響が深刻になっていない時期を思わせるのではないだろうか。特に具体的な場面記述の多い第一巻はそうである。これが書かれた当初であれば、冒頭でなされている「そのお祭りがこんど初めての催しだったので」といった言及がただちに該当する年代を特定させるものだったかもしれない。これはトラキアの女神ベンディスのための祭礼で(354A)、この行事がアテナイに導入された時期は今日では明瞭ではないが、わずかに当時の碑文の示すところによれば、すでに前四三〇年以前にその名が認められるとのことである。

むろんプラトンは、多くの著作において、記述の年代合わせに必ずしも厳格を期してはいない。些細なところでは、うかつにというよりもむしろ意図してアナクロニズム的逸脱を犯してもいるようだ。その点を勘案しつつ、しいて特定しようとするならば、たとえば冒頭に語られる老ケパロスとソクラテスとの年齢関係のような、著作全体の基調をなす事柄に重点を置いて考えるしかないのかもしれない。

もっとも、さらに言えば、プラトンの「対話篇」を流れている時間は必ずしも歴史年表を実直になぞりとったものではなく、「ソクラテスの時代」として、いわば再構成された前五世紀後半であり、著者はその中をほとんど自在に往還しつつ、独自の思考空間を開いているのである。

ソクラテス、ケパロスに「老い」を問う

さて、対話の糸口は、ケパロスとソクラテスの間でのやりとりの中に見いだされる。自らの老いを口にするケパロスに対して、ソクラテスはやや無遠慮に「私には、高齢の方々と話をかわすことは歓びなのですよ。なぜなら、そういう方たちは、言ってみれば、やがてはおそらくわれわれも通らなければならない道を先に通られた方々なのですから、その道がどのようなものか、……うかがっておかなければと思っていますのでね。とくにあなたからは、それがあなたにどのように思われるかを、ぜひうかがっておきたいのです。あなたはもう、詩人たちの言葉を借りれば「老いという敷居にさしかかっている」と言われるその齢にまで達しておられるわけですから」(328D-E)と問いかける。ごくさりげない問いにも見えるが、「老いという敷居」(あるいは「老いの敷居」)とはホメロスやヘシオドス以来の常套句で、実は「死」を意味していると分かれば、その単刀直入ぶり(あるいは露骨さ)に驚かされざるをえないだろう。そして、問い手の側はなおその死をかなり遠いところに見ていることからすれば、六〇歳のソクラテスよりもむしろ四〇歳前後のソクラテスを想定するほうが自然に思われるのではないだろうか。とすれば、対話の年代はペロポネソス戦争が始まる直前あたり、前四三〇年頃ということになるが——。

ソクラテスの問いかけに淡々と応じて、老いの身を嘆かず、自らの生涯に満足を表明するケパロスは、現実的な徳と幸福を体現しえた人として、ある種の理想を示唆する役割を担って冒頭に登場してくるものと位置づけることができるのではないか。政治家ペリクレスと手を結んだ武具商人の傲岸さを彼に見てとる解釈者たちもいるが、やはり強牽付会をまぬがれえまい。いかに形骸的・通念的であろうとも、生涯および死後を通じての幸不幸と正不正とを一体的な事柄と認めつつ、生涯にわたり「正義」を全うすることで、何の不安もなく死を迎えることができるのだと語り、神々への供儀の場へと立ち去っていく老人の晴れやかさは、まったくレベルを異にして、いわば「人生談義」のレベルにおいてではあれ、この対話全体の結末においてソクラテスが語る確信に満ちた口調とまぎれもなく響き合わされているのである。――「正義と思慮」にいそしむことによって「この世に留まっているあいだも、また競技の勝利者が数々の贈物を集めてまわるように、われわれが正義の褒賞を受け取るときが来てからも、われわれは自分自身とも神々とも、親しい友であることができるだろう。そしてこの世においても、われわれが物語ったかの千年の旅路においても、われわれは幸せであることができるだろう」(第一〇巻621D)。

ともあれその日の午後、ケパロス邸で夜祭りを待つ間のわずかな時間をつなぐはずだった会話は、結局のところ(その実際の長さからすると)夜を徹してつづく。そして、作品の設定をストレートに受け取るとすれば、驚くべきことにソクラテスは、その翌日おそらくは少しも眠りをとることなくペイライエウスを後にして、そのまま市中のどこかなじみの場所に赴き、「きのう」の長い話(一通りのテクスト「音読」だけでも一四、五時間かかると推計されている)を、ある友人(たち)にずっと語り聞かせたのである。徹夜など少しも苦にしない彼のタフネスぶりは、『饗宴』の末尾などにもさらに印象深く描かれているところではあるが。

ちなみに、この場面を『ティマイオス』の冒頭部に連続させる想定、したがってソクラテスが「きのう」の話を語り聞かせている相手は『ティマイオス』の登場人物たちだとする説がすでに古代後期から行われていて、いまも一部の人たちによって支持されている。しかし、『ティマイオス』に語られているのは「理想国家」建設のための方策にかかわるわずかな部分にすぎない。しかも、もし両者が実際に連続的な著作を意図したものであったとしたら、ましてや連続して書かれた著作だったとしたら、かえってそのような中途半端な「要約」は不要だったのではないだろうか。類似した議論の部分的反復は、むしろ両著作の執筆時期の隔たりとコンテクストの相違を示唆するものとも思われるのである。

第二章　挑発するソクラテス

（第一巻331D―第二巻367E）

「正義とは何か」という問いが主題化されたところで、まずピンダロスやシモニデスの詩句の真意を探る議論を通じて伝統的な正義観が吟味にかけられる。さらに客人の一人トラシュマコスが、他の人たちの「悠長」な議論に嘲笑を浴びせつつ、徳目としての正義を根本から否定し、「正義＝強者の利益」とする説を唱え、それをめぐってソクラテスとの間で激しい応答がくりひろげられる。

「正義とは何か」をめぐる対話へ

ケパロスの人生談義は、いわば古来の通念的伝統の代理人として（あるいは大衆道徳的なレベルにおいて）、問題の糸口を垣間見せただけである。二人の間でのなごやかな日常会話は、「では、その正義（ディカイオシュネー δικαιοσύνη）とはいったい何か」という正面からの「ソクラテス的」問いが投じられたところで大きく様相を変える(331C)。まさにこの場面でケパロスが「神にお供えを捧げるため」に退場することは、その変調を象徴している。彼が立ち去ったのち、「正義」論はその息子ポレマルコスに「相続」され、ここにようやく本来の議論が始まる。念のために確認しておくとすれば、この『国家』という対話篇の第一のテーマは「正義」論である。後で見るように、国政をめぐる議論はむしろそれを考察するために「便宜的」に導入される舞台装置にほかならない。

さしあたり、第一巻での対話は、この使い古されてありふれたものでしかないかに思われる理念がいつもながらのソクラテスの吟味にさらされ、一旦その内実が解体の危機に直面することになる。その意味では、この部分だけを独立させて一つの「初期対話篇」として、すなわちソクラテスが主として何らかの徳目を取り上げ、それについて正確な規定を求めようとして対話を主導する比較的コンパクトな作品の典型として読むこともできるだろう。ここでは、議論としてはなお序幕でしかないが、しばらくソクラテスの対話のたくみさ、とりわけ「空とぼけ(エイローネイアー)」すなわちアイロニーと挑発のうちにひそめられた鋭い論理性で、相手の「思いなし(ドクサ)」の内実を引き出しつつそれを探求の原動力として活用していく術《すべ》を見て取ることにしたい。一見否定的でしかない彼の「エレンコス(吟味論駁)」が、議論の深化にどれほど豊かな示唆を与えるものであるかにも気づかされるはずである。

ケパロスが半ば自明の事柄のようにしてポレマルコスに委譲した「正義」とは、だれに対してもごまかしなく借りを精算しておくという、一つの具体的「態度」として示されていた(331B)。「相続人」のポレマルコスは、「それぞれの人に借りているものを返すのが、正しいことだ」というシモニデスの言葉を援用したうえで、そこに正義の本質を見ようとする。詩人の言はこの時代にはよろずに「知」の権威であり、拠り所だった。ソクラテスはいつもどおり問いを重ねることで対話相手に修正を求めつつ、その思いなしの実質をより正確に取り押さえていく。その過程で明らかにされるのは、ケパロス－ポレマルコスの念頭にあった正義とは、まさに伝統的通念としての「応報的正義」にほかならない、ということである。事実、ケパロスが「正義」にあてた言葉は「ディケー（δίκη）」であり、元来それは「不正をおかした者」が受けるべき「罰」を意味している。それが「ディカイオシュネー（δικαιοσύνη）」という語に置き換えられたとき、すでにその内実も大きく変容させられていたのである。「正義というのは、人間としての善さ（徳）のひとつ」である（335C）とするソクラテスの基本的立場にポレマルコスもこだわりなく同意しているが、しかし「〈正義〉とは友を利し敵を害することである」という考えから離れられないでいるように（334B）、両者はすでにまったく異なった視野の中に立っている。

トラシュマコス登場――「正義とは強い者の利益である」

ポレマルコスが、ソクラテスの問いかけ（吟味論駁）にあって、その思い込みの不備を露呈させられる以上のようなやりとりは、短いものながらすでに「初期対話篇」をミニチュア的に再現していると言うことができよう。しかし、ここでトラシュマコスが割ってはいることによって、対話の流れは大きく変わる。この人物は前五世紀後半のアテナイに登場した新しい知識人（ソフィスト）の一人で、特にこの場面では伝統的道徳を否定する過激思想をまくし立てる役柄を演じている。彼はそれ以前から話に割って入ろうとイライラしていたのだったが、

だがいまや、ぼく〔ソクラテス〕が以上のように言って、話がしばしとぎれると、彼はもはや、じっとしていられなくなって、獣のように身をちぢめて狙いをつけ、八つ裂きにせんばかりの勢いでわれわれ目がけてとびかかってきた。

ぼくとポレマルコスとは、恐れをなして慌てふためいた。トラシュマコスは、満座にとどろく大声でどなった、

「何というたわけたお喋りに、さっきからあなた方はうつつをぬかしているのだ、ソクラテス？ごもっとも、ごもっともと譲り合いながら、お互いに人の好いところを見せ合っているそのざまは、何ごとですかね？　もし〈正義〉とは何かをほんとうに知りたいのなら、質問するほうにばかりまわって、人が答えたことをひっくり返しては得意になるというようなことは、やめるがいい。答えるよりも問うほうがやさしいことは、百も承知のくせに！　いやさ、自分のほうからも答を提出しなさい。あなたの主張では〈正義〉とは何なのか、ちゃんと言いなさい！」

(336B-D)

プラトンの「対話篇」には、登場人物たちのセリフのやりとりだけで展開される「ドラマ的対話

篇」（直接的対話体）と、ソクラテスないしその周辺のだれかが対話の様子を語って聞かせる「物語的対話篇」（間接的叙述体）のスタイルをとっているものとがあるのだが（ディオゲネス・ラエルティオス『ギリシア哲学者列伝』第三巻五〇節参照）、後者に属する『国家』、特に第一巻では、アイロニー（この語は「皮肉」の意味で使われることが多いが、元のギリシア語の「エイローネイアー」は「空とぼけ」に当たる）に満ちた彼の語り口がよく生かされている。本題に入るまでの冒頭部の叙述にさまざまな情景描写を盛り込むことができたのもその手法の効用であるが、とりわけトラシュマコスの激昂ぶりを伝えているこの場面のようなところでは、そのさまをありありと読み手に伝えるうえで、ソクラテスによる「報告」というかたちをとっていることがすぐれた効果をもたらしている。トラシュマコスはソクラテスたちの悠長な議論をあざ笑い、しかもさんざん聴き手たちを焦らせたあげく、まさに得意満面で自説を述べ立てる。

「では聞くがよい。私は主張する、〈正しいこと〉とは、強い者の利益にほかならないと。……おや、なぜほめない？　さては、その気がないのだな？」（338C）

しかし、このような自信満々の発言者ほど対話相手としてありがたい存在はない。激しい意見の対立がさしあたり問題考察を活性化させるものであることはまぎれもあるまい。「強い者の利益」というこけ威し的な言い回しでソクラテスをへこませてやったと思っているトラシュマコスに、彼はすぐさまこう応じてその出鼻をくじく。

「その前にまず」とぼくは言った、「君の言葉の意味を理解しなければ。どうもいまのところ、よくわからないのでね。君の主張によれば、強い者の利益になることが正しいことだという。さてこれは、トラシュマコス、いったいどんな意味なのだろう？　まさか君の主張するのは、次のようなことではないだろうしね。つまり、力士のプリュダマス〔前四〇九年のオリンピックで優勝した有名なレスリング選手〕はわれわれより強い、そして彼にとっては牛肉を食うことが身体のために益になることだとする。しからばこの牛肉食は、われわれ、彼より弱い者たちにとっても利益になることであり、ひいてはまた正しいことでもある……」

(338C-D)

ソクラテスはいたずらに相手を嘲弄しているのではない。たくみな挑発は相手の思念に揺さぶりをかけ、それによってその真意のありかを測り取ろうとするための効果的な手段である。トラシュマコスはやすやすとそれに乗り、言葉を重ねてみずからの墓穴を掘ることになる。しかし、その過程はまた当面の問題についてきわめて意義深い事柄を明るみに出す役割をも果たしているのである。むろんトラシュマコスの勢い込んだ発言はある種の実質を持っている。思いがけない仕方で水をさされてすっかり機嫌を損ねながらも彼が言い返しているように、正義とはそのときどきの支配階層が自分たちの利益に合致するような仕方で制定した法律を順守することにほかならず、つまりは「強い者の利益」になることにすぎないのではないか——。正義についてわれわれの抱いている日常的実感と通念をトラシュマコスがあからさまに言い当てていることも、さしあたり否定できないだろう。少なくともその限りでは、われわれはむしろ彼の主張に加担しつつ議論の流れを追うほうがそれを共有しやすいように思われる。

ソクラテス、トラシュマコス説を吟味にかける

「君の言葉の意味を理解しなければ。どうもいまのところ、よくわからないのでね」とソクラテスはいつもながらに言う。そして彼の適切な問いかけによって、対話相手は、いわばみずからの主張そのものによってその不備を認めざるをえないところへ追い込まれていく。トラシュマコスの場合も同様である。

ソクラテスはまず、彼の言う「強い者(=支配者)」が誤って自分の不利益となることを法として定めるようなこともあるかどうかを問う。トラシュマコスはすぐにその〈事実〉を認めるが、そうだとすれば「支配者たちは、ときによって自分に害になる事柄を命じることがあり、それをそのまま行なうのが、被支配者たちにとって正しいことなのだ」(340A)ということにならざるをえない。彼はソクラテスをペテン師呼ばわりしながら、あわてて自説を修正する。「いいかね、早いはなしが、あなたは病人について判断を誤るような者を、判断を誤るまさにその点に関して、「医者」であると呼びますかね?〔中略〕ふつうわれわれは言葉の上では、医者が誤りをおかしたとか、計算や読み書きを専門

家が誤りをおかしたとか、そういう言い方をするだろう。が、ほんとうを言えば、思うに、そうしたそれぞれの専門家は、その人がまさにその呼び名のとおりの者であるかぎりにおいては、けっして誤ることはないのである。したがって、あなたが厳密論をふりまわす以上こちらも厳密論を採用するとすれば、およそ専門家たる者は誰ひとり誤りをおかさない、ということになる。なぜならば、誤りをおかす人というのは、その人が自分の知識に見放されているときにこそ、誤りをおかすのであって、その瞬間においてその人は専門家であるとは言えないからだ」(340D-E)。

つまりトラシュマコスは、「支配者は、支配者たるかぎりにおいては誤ることがない」のであり、自分の利益を確実に法として制定する、という立場を明確にする。しかし、その自己防御自体がさらに彼を身動きできなくさせていく。ソクラテスの問いは、つねに対話相手が容認する事柄、あるいは対話相手の主張そのものの内から引き出されてくることによって、いっそう抗しがたいものとして迫ってくるのである。つづく議論において、「厳密論」も「専門家たる者は誤りをおかさない」も、いずれもみずからの主張を維持するためにトラシュマコス自身が言い出したことにほかならない。それならば、とソクラテスは問いを切り替える。――もし「厳密論」で行くのなら、医者は医者の利益ではなく病人の利益になることを考え、馬丁は馬の利益を考えるものである。同様にして、支配者もまた「いやしくも支配者であるかぎりは、けっして自分のための利益を考えることも命じることもなく、支配される側のもの、自分の仕事がはたらきかける対象であるものの利益になる事柄をこそ、考察し命令するのだ」(342E)。

ソクラテスの論法はときに強引であるようにも見える。ここでも、たしかに「強い者の利益」説は覆されるが、彼の主張する「厳密論」は必ずしも相手の意図に沿ったものではない。トラシュマコスがその点を突いてくるのは当然であるが、おそらくはそれもまたソクラテスのたくみな挑発であり、ほとんど計算された陥穽ですらあったのではないか。その結果、トラシュマコスは不正礼賛を明言させられる。

「まったく、〈正しいこと〉と〈正義〉、〈不正なこと〉と〈不正〉についてのあんたの考えたるや、次のような事実さえ知らないほど、救いがたいものだ。すなわち、〈正義〉だとか〈正しいこと〉だとかいうのは、自分よりも強い者・支配する者の利益であるから、それはほんとうは、他人にとって善いことなのであり、服従し奉仕する者にとっては自分自身の損害にほかならないのだ。〈不正〉はちょうどその反対であって、まことのお人好しである「正しい人々」を支配する力をもつ。そして支配されるほうの者たちは、自分よりも強い者の利益になることを行ない、そして奉仕することによって強い者を幸せにするのであるが、自分自身を幸せにすることは全然ないのである」(343C-D)

「正義＝強い者の利益」説は、いまだそこに立脚してなお一つの「正義」を主張する立場でありえたが、トラシュマコスはここで「正義」そのものをはっきりと否定する本心をさらけ出す。「強い者の利益」と「他人にとって善いこと」という二つの言明はそのまま連携して一つの一貫した立場を表明するものではありえないようだが、ともに多くの人たちが日常的に痛感させられている「正義」のむなしさと愚かさについての通念を的確に突いていよう。彼はさらに長々と言葉を連ねて不正を礼賛し、「このように、ソクラテス、不正がひとたび充分な仕方で実現するときは、それは正義よりも強力で、自由で、権勢をもつものなのだ。そしてわたしが最初から言っていたように、〈正しいこと〉とは、強い者の利益になることにほかならず、これに反して〈不正なこと〉こそは、自分自身の利益になり得になるものである」と断言する(344C)。

しかし、不正を礼賛する彼の立場は、ソクラテスのたくみな挑発に乗せられて、それを「徳と知恵の部類のなかに入れ、正義をその反対の部類に入れる」(348E)ことに誘い込まれ、その結果、議論が「徳」や「知」とはいかなるものかの吟味へと移されることで、彼の主張は彼自身の「不正礼賛」に語られていた言説そのものによって内部崩壊させられ、正義と不正の関係は逆転に追い込まれていく。この過程(348B以下)は、第一巻の中核部分をなすとともに、「初期対話篇」におけるソクラテス的論駁を最も見事に示すものとなっていよう。トラシュマコスは単に「論破」されるのではない。議論の逐一に「同意」を示さざるを得ない進行の中で、まさに彼自身の同意によって自説が覆されていくのである。彼が次第にぶっきらぼうな返答しかせず、「さんざん引き延したり、嫌な顔をしたりし、びっくりするほど汗を流していた」(350D)のも当然のことである。

グラウコンとアデイマントスが食い下がる

ソクラテスの対話がこういう激しい対立状況の中で展開されることはごくまれである。ここでのトラシュマコスとの応報に較べられるのは、『ゴルギアス』においてカリクレスとの間で交わされる、互いの「いかに生きるべきか」という根本原則をぶつけ合った議論だけかもしれない（第Ⅰ部第一章一七頁以下参照）。そこで試みられた対決的対話は最後まで平行線をたどるほかなかったのだが、しかし問題の根の深さを鮮明に照らし出す上では、きわめて大きな効果をもたらすものだった。トラシュマコスの不正賛美論に見られるような、ソフィスト的過激思想については、ソクラテスは、むしろ相手が激すれば激するほど、容易に議論の綻びを見つけ出して、その主唱者自身が引き下がらざるを得ないようにさせてしまうのがつねである。しかし、そうした人物たちの背後には、より強力な論敵たる世の「通念」が深く根を張っていて、彼らの一見過激な論調はその反映にすぎないことを、彼はよく知っている（第六巻 493A-D 参照）。その意味では、彼の主張はソクラテスに一蹴されるものの、けっして無内容ではない。

事実、一旦議論を打ち切ろうとするソクラテスに対してグラウコンとアデイマントスとが食い下がり、むしろさらに本格的な考察を求めるとき、彼らはトラシュマコスにけっして与《くみ》するものではないと言いつつも、彼にも十分な言い分があることを認める。二人が「トラシュマコスの説をもう一度復活させて」（358C）対峙させる論点は、「多くの人々」がひそかに抱いている〈正義〉観にほかならない。それによれば、〈正義〉とはむしろ不正から被る害悪を避け善と益を獲得するだけの力のない弱者たちが自らを守るために法律を制定し、相互に契約を結んでそれを順守するところに成立する「取り決め

コラム

ギュゲスの指輪(第二巻 359D-360D)

プラトンは、議論の対話的展開のあちこちに神話的説話(ミュートス)をはめ込んで、われわれの興味を引き寄せつつ、論点を的確に浮き彫りにさせるこ とにたくみである。第二巻(359D 以下)に出てくる「ギュゲスの指輪」もその一つで、それは大多数の人たちの心に本音として潜んでいる〈正義〉についての考え方を明るみに出すために語られている。

――羊飼いとしてリュディア王に仕えていたギュゲスは、あるとき偶然地下の穴蔵で発見した屍体についていた指輪を抜き取って持ち帰る。羊飼いたちの集まりの場で何気なくその指輪に触れているうちに、その玉受けの部分を手の内側に回すと自分の姿が人々に見えなくなり、玉受けを外側に戻すとまた姿が見えるようになることに気づく。驚くべき指輪の力を知った彼は、王のもとに伺う使者の一行に加わり、王宮でまず王の妃と通じたのち、妃と共謀して王を襲って殺害し、王権をわがものとする。

これがその話のあらましであるが、「さて、かりにこのような指輪が二つあったとして、その一つを正しい人が、他の一つを不正な人が、はめるとしてみましょう」とグラウコンは言う。自分の姿を消してどんな悪事でも自在に働くことができて、まるで「神さまのように振舞える」としたら(実際、オリュンポスの神々も姿を自由に変えたり消したりして、自分の思いのままに振舞っているように)、「こういう行為にかけては、正しい人のすることは、不正な人のすることと何ら異なるところがなく、両者とも同じ事柄へ赴くことでしょう」。

事は必ずしもこうした超人的能力を手に入れたときにのみ試されるわけではない。われわれは得てして人目のあるところでは不正を働かないように努めるにしても、だれも見ていないような場合にも、なおけっして悪事を犯さないだけの自制心を持ち合わせているだろうか。そして、実際に不正を働かずにいられたとしても、そのように人目の有無が容易にわれわれの行動や判断に大きな影響を及ぼすことが、すでに「ギュゲスの指輪」を与えられたに等しい状況に日々当面しているのだと言ってよかろう。このあとにつづくグラウコンのもう一つの指摘、すなわちわれわれにとって最も「得になる」のは「不正の極致」とも言うべき「実際には正しい人間ではないのに、正しい人間だと思われること」なのではないか、という反論とともに、正義を是認することがいかに困難なこととしてわれわれの前に立ちはだかっているかを示唆している。

＊

ところで、この説話の主人公、実はテクスト中では一度もはっきり「ギュゲス」とは言われていない。伝来の写本には、はじめに「リュディアの人ギュゲスの先祖」と呼ばれているだけで、しかもその一個所以外はすべて「彼」という代名詞しか使われていないのである。ただし第一〇巻に、この話を踏まえたと思われる「ギュゲスの指輪」という言い方が見られるので(612B)、この人物もギュゲスという名であることが知られる。

ギュゲスと言えば、一般にはヘロドトスの『歴史』(第一巻八—一三節)にも登場し、リュディアのメルムナダイ王朝の祖(その五代後裔が裕福で奢侈を誇ったクロイソス)となった人物を指すのであろうが、ここでプラトンは、写本の読みを信ずるとすれば、そのギュゲスの「先祖」に当たる同名の別人の話として伝えていることになる。しかし、ヘロドトスのギュゲスも、カンダウレス王の家臣でありながら、ゆえあって王妃と密通し、王を殺害して王位につくというかぎりでは同じストーリーを踏んでおり(ただし指輪のモチーフは含まれない)、むしろ同一人物にまつわる別の説話バリエーションではないかとも考えられる。そこで、写本に必要な変更を加えて「かのリュディア人《びと》(すなわちクロイソス)の先祖のギュゲス」あるいは「リュディア人の先祖のギュゲス」と読む案も提案されているが、校訂上の決め手には乏しい。

（ノモス）」にすぎないのではないか。他方、「すべて自然状態にあるもの（ピュシス）は、この欲心をこそ善きものとして追求するのが自然本来のあり方」であることは、人に「何でもしたい放題の自由」を与えてみれば分かるだろう（358E-359C）。それをよく示すのが、つづく個所で印象深く語られているギュゲスにまつわる伝説で、彼と同じように自分の姿を見えなくさせる力を持った魔法の指輪を手に入れたとすれば、いかに志操堅固な人物でも不正に走ることを避けられないだろうと彼らは言う（359D-360D）。【コラム「ギュゲスの指輪」参照】

ここに示唆されている事柄からすれば、明らかに〈正義〉が強制によってやむなく順守されているものであり、したがって、「〈正義〉が最高の〈善きもの〉に属すること、すなわち、そこから生じるいろいろの結果のためばかりでなく、むしろずっとそれ以上に、それ自体をただそれ自体のためにもつ値打のあるようなものに属すること」（367C）を認めるソクラテスの立場は、世間的な通念としては容易に受け入れられるものではないことを、あえてソクラテスへの反論を構える二人は強く主張する。かくして第二巻冒頭においてトラシュマコス説は強力に立て直され、これ以降に展開される議論は彼の主張を究極まで押し進めた「完全なる〈不正〉」の、むしろわれわれを否応なく加担せしめる現実的な力の大きさを鮮明に対峙させつつ、なお「ただ〈正義〉は〈不正〉にまさるということを言葉のうえで示すだけでなく、それぞれは、神々と人間に気づかれる気づかれないにかかわりなく、それ自体としてそれ自身の力だけで、その所有者にどのようなはたらきを及ぼすがゆえに、一方は善であり、他方は悪であるのか」（367E）を示すよう求めるものとなる。

『国家』における長大な議論全体は、あたかもプラトンの「対話篇」形式における最初期からの各発展段階をたどっていくかのようにして、典型的な「初期対話篇」パターン(ポレマルコスたちとの短い「エレンコス(吟味論駁)」的対話)に始まり、トラシュマコスとの「対決型」議論をへたのちに、最も本来的な対話である「共同探求」(第二巻以降における、グラウコン、アデイマントスとの対話)へと展開されている、と言うことができるであろう。なるほど第一巻の議論は、問題提起としてすらも「どうやら前奏曲にすぎなかった」(357A)のである。その意味では、そう解されることもしばしばあるように、むしろ第二巻冒頭におけるグラウコンとアデイマントスによる問いの再提示(367E)までを一つの「前奏曲」と位置づけるほうが、この著作全体の構成がより有機的連関を持ったものとして見えてくるかもしれない。

第三章　モデルとしての国家建設

グラウコン、アデイマントスの熱意と鋭い指摘を歓迎したソクラテスは、改めて問題探求にとりかかる。問われているのは、各人の正しい生き方を支えるべき正義とは何であり、それが真に善きものであるかどうかということであるが、探求を容易にするために、ひとまず議論を国家次元に移し、より大きな規模での正義を見いだすことに努めよう、とソクラテスは提案する。そして、言論の上で一つの国家を最初から建設してみて、その過程で正義や不正が生じてくる場面を取り押さえる作業が進められる。

一　理想国家の基礎（第二巻 367E-376E）

これまで見てきた範囲の中では「国家」はいまだ主題化されていない。さきにも触れたように、この著作の本来的な議論は「正義」に向けられているのである。さらにつづく長大な対話の全体もまた、「正義」を中心とする諸徳の本質を解明することによって、われわれのすぐれた生き方を考察し、すぐれた生の選びへとわれわれをいざなうことに枠取られていることは明らかである。政治や国家の問題が導入されるのは、少なくとも外面的な議論の運びから見るかぎり、そうした考察を有効に進めるための補助手段として、あるいは思考媒体としてである。

国家規模での正義の探求へ

グラウコンとアデイマントスから激しい反論をぶつけられたソクラテスは、彼らの熱意を歓迎しながらも、問題の困難さを語り、議論を容易にするために一つの「思いつき」を提案する。

「ぼくたちが手がけている探求は並大ていのものではなく、よほど鋭い眼力の人でなければ手に負えない問題であると、ぼくには思える。で、ぼくたちにはそれほど力量がないのだから、こういうやり方でそれを探求してはどうかと思うのだ。つまり、あまり眼のよく利かない人たちが、小さな文字を遠くから読むように命じられたとする。そのとき誰かが、その同じ文字がどこか別のところにも、もっと大きくもっと大きな場所に書かれているのに気づいたとしたらどうだろう。思うにきっと、これはもっけの幸いとみなされることだろうね――まず大きいほうを読んでから、そのうえで小さいほうのが、それと同じものかどうかをしらべてみることができるのだから」（368C-D）

大小の文字になぞらえてソクラテスが言わんとするのは、これまで問題にしてきた一個人にとっての〈正義〉のあり方に対して「国家全体の正義」というものがより大規模なかたちで考えられるだろうということである。まずは考察をそちらに向けてみようと彼は言う。こうして議論はようやく「国家」に移され、その中に〈正義〉を見いだすための手順として、国家の素型に遡ってロゴス(言論)による空想の国家建設が始められるのだが、実際にそれが問題を容易にすると考えられたのだろうか。言うまでもなくそれは「ちょっとやそっとの仕事ではない」(369B)。とすれば、そこにはむしろソクラテス(あるいはプラトン)の「アイロニー(空とぼけ)」を感知するべきかもしれない。ここに構えられたような枠組みの中へ入れ込むことで、「国家」論そのものは派生的な事柄として位置づけられることになり、当面の議論に必要なかぎりにおいての自由な(あるいは恣意的な)展開を容易にする余地が与えられるであろう。ソクラテスが繰り返し注意しているように、ここでの国家建設は、現実的制約や実現可能性をさしあたり棚上げしつつ、それによってかえって「国家」の本性を鮮明に剔出しようとするものであるが、意図的であるにせよ単に結果としてそうなったにせよ、きわめてたくみにそのための場が整えられていることは明らかである。しかも、その意味ではここにまさに「国家」論をそれ自体として見いだすことができるであろう。

ついでながら、手短に確認しておけば、ソクラテスは「まず大きいほうを読んでから、そのうえで小さいほうのが、それと同じものかどうかをしらべてみることができるのだから」と言ってはいるが、彼はけっして個人(魂)にとっての正義を国家全体の正義からの類同化(いわゆる「国家と魂のアナロジー」)に依拠して考察をすませているわけではない。特に第四巻(434C 以下)の議論から見て取られるように、個人次元の正義については、国家の構造を手がかりとしながらも、それ自体において新たに考察され、結果として両者の間の共通性が明らかにされているのである。【コラム「魂三部分説」参照】

モデル国家の建設

この著作における国家論に対しては、人間的現実を無視し、およそ不可能な前提の積み重ねの上に語られたものであるという指摘が、すでにアリストテレス以来繰り返し向けられてきた。しかし、そのことはむろん承知の上でソクラテスは議論を運んでいる以上、その点を言い募ることは必ずしも有効な批判とはなりえないのではないか。おそらくはあえてなされている挑発的な言論によって、より先鋭的なかたちで突きつけられている問いを、通念的な異議によってしりぞけることなく、たえず根本のところで受け止め返す営為の中でこそ、『国家』は国家論として汲み尽くしえぬ示唆をもたらすものとなるであろう。むろん表層的な是認はさらに誤読を促すものでしかあるまいが。

ソクラテスが「理想的」な条件のもとで描き出そうとしている国家像の実質は、人間の〈自然的本性〉に根ざした、意外なほどに自明な原則をそのまま踏まえたものである。彼はただそれらの端的な原則を直截に重ね合わせることによってその根幹を取り出してみせる。むしろ国家にとって必要不可欠な要件のみを端的に整えることで照らし出されるその素型こそが「美わしの国(カリポリス)」(第七巻527C)と呼ばれているのである。その国家建設が目指しているのはけっして「地上の楽園」ではない。

建設作業は次のような言葉で着手される。

「ぼくの考えでは、そもそも国家というものがなぜ生じてくるかといえば、それは、われわれがひとりひとりでは自給自足できず、多くのものに不足しているからなのだ」(369B)

そのために多数の人々が相互に仲間や助力者として一つの居住地に集まり、その「共同居住に、われわれは〈国家〉という名前をつける」(369C)というのが、とりもなおさず国家の起源にほかならない。ソクラテスの国家建設はもっぱらこの一点を支えとしてなされていく。この共同体の第一の使命は衣食住の「必要」の充足であり、それを最も効率よく達成するために「一人が一つの仕事だけをすること(分業)が原則として導入される。なぜなら「第一に、われわれひとりひとりの生まれつきは、けっしてお互いに相似たものではなく、自然本来の素質の点で異なっていて、それぞれが別々の仕事に向いている」からであり、またさまざまな仕事に関わっていて「ある仕事の時機というものを逸したら、その仕事はだめになってしまう」ことにもなるからである(369E-370C)。したがって、最小限の衣食住をうまくまかなうべく分業体制を整えるために「最も必要なものだけの国家の成員は、四、五人ということになるだろう」(369D)。

コラム

魂三部分説（第四巻 434E-444A）

理想国家の建設という過程を通じて、その中に〈正義〉は三階層に分けられた国民各自が「それぞれ自己本来の仕事を守って行なう場合」の「本務への専心」(434C)というかたちで見いだされた。とすれば、同じ〈正義〉の名で呼ばれる以上、個々人の倫理的徳としての「魂の内なる正義」もまた、同じ構造で存立しているものと期待していいのではないか、とソクラテスは言う。ただし、国家からの類推はそこまでで、魂における相同的構造は、まったく別個の仕方で取り出される(436A 以下)。

　ソクラテスが着目するのは、われわれの心的活動における「葛藤」という事実である。たとえばわれわれがのどの渇きを覚えて飲み物を欲した場合のことを考えてみよう。ソクラテスはそのとき心の中で生じている内部対立的な事態を厳格に読み分けつつ、のどの渇きによって飲み物を欲するとき、その欲望は「もっぱら飲むことに憧れ、そのことに向かって突進する」(439B)のであり、したがって、のどが渇いているのに飲もうとしないという、だれもが経験する事実がありうるためには、それを引きとどめて飲むことをやめさせる別の要素が魂の中で働かなければならない。「そのような行為を禁止する要因が発動する場合には、それは理《ことわり》を知るはたらきから生じて来るのであり、他方、そのほうへ駆り立て引きずって行く諸要因は、さまざまの身体条件や病的状態を通じて生じて来るのではないだろうか？」——このようにして、魂の内にまず「魂がそれによって理《ことわり》を知るところの」〈理知的部分〉と「非理知的な」〈欲望的部分〉とが見いだされる(439C-D)。

　ついで、さらなる「葛藤」が、「気概、すなわち、われわれがそれによって憤慨するところのもの」をめぐって見いだされる(439E)。もっとも、それが上記二つの「部分」と別個であるのかどうかが検討されなければならない。それはむしろ〈欲望的部分〉と同一のものではないか。しかしソクラテスは、ある人が処刑屍体のそばを通りかかったとき、そのグロテスクな光景を見たいという欲望に我慢しきれなかった自分に激しい憤りを覚えた、という実例によって、「怒りは時によって欲望と戦うことがあり、この戦い合うものどうしは互いに別のものである」ことを明らかにする(439E-440A)。そして、(今の実例においてもそうだが)欲望と理性が対立している状況では、気概は必ず後者の側に立って憤りを発するものであり、また理性が制止している欲望充足のために気概が加担することはおよそありえないこと、さらに、自分が不正を犯す側にいると思われるときには気概は萎縮してしまうが、不正を犯されていると思った場合には憤激してやまないものだということが指摘される(440B-C)。となれば、それはむしろ〈理知的部分〉に近いことになろう。しかし、両者が別のものであることは、グラウコンが言うように、「気概ということならば、子供たちのなかにもそれを見ることができますからね。すなわち子供でも、生まれるとすぐに気概には充ち充ちていますが、理を知るはたらきとなると、ある者たちはいつまでもそれに無縁であるようにさえ思われますし、多くの者はずっと遅くなってからそれを身につけるように思われます」という事実があることで足りよう。

このようにして確認された魂の三部分は、まさに国家における三階層に対応し、それぞれの部分とそれら同士の関係によって、各個人の内なる〈知〉と〈勇気〉と〈節制〉そして〈正義〉の徳を担うことになる。また特に〈正義〉は、国家規模でのあり方はむしろ「正義の影」でしかなく、真なるそれは、各人の魂の三部分に形成された〈知〉と〈勇気〉と〈節制〉の上にはじめて実現されるものなのである(443C-444A)。

また、こうして魂の機能が分節化・多層化されたことは、人間の精神活動のあり方をより適切に解明する方途を開く結果ともなっている。とはいえ、われわれの魂は現実の生の中では「海神グラウコスにも比すべき状態」にあって、すなわち、さまざまな身体的要素が纏わりついているために、その真の姿は「本来の姿に立ちかえったときにこそ、はじめて人は、魂の真の本性を知ることができるだろう」と注意することを、ソクラテスは忘れていない(第一〇巻 611C-612A)。

しかし、その〈分業〉と〈効率化〉の原則は、おのずから国家規模に一定の肥大化をまねくことになる。各人が農業、大工、織物などの必須の仕事のいずれかに専念するためには、農機具その他の道具を作る専門職人、農耕牛や羊毛や皮革を供するための牧人も必要とされよう。またそれらのすべてを自国内でまかない、「輸入品の必要がまったくないような地域に建設するということは、ほとんど不可能である」(370E)から、交易によってそれを得るためには国内で消費する以上に多くのものを生産しなければならず、さらに交易の専従者として貿易商や船乗りが必要となろう(371A-B)。また国内での物品交換を専門とする小売商人も分業化がなされるべきであり、その円滑化のために貨幣も導入される(371B-D)。ソクラテスが語っているのは国家の歴史的・発生的な筋道そのものではなく、むしろその内を動いている基本的動因である。

「真実の国家」と「熱でふくれあがった国家」

こうした拡大が「必要」に裏打ちされているかぎりでは全面的に是認され、そこに「真実の国家」の姿があるとされる(372E)。むろんその生活はきわめて質素であり、食事もパンや穀類とワイン、そしてわずかな料理(いずれも植物素材であることが注意される)しか供されず、寝床も草木を敷いただけのものである。ソクラテスにとっての〈ユートピア〉的理想がこの「健康な国家」(372E)にあることは明らかである。その「桃源郷」において人々は「平和のうちに健康な生活を送りながら、当然長生きしてから生を終えることになり、子供たちにも、別の同じような生活をゆずり伝えることだろう」

（372D）。

もっとも、グラウコンが思わずそれではまるで「豚の国」（372D）並みの待遇ではないかと不平をもらすように、その〈理想〉が実際の国家やその中での生活の実像からはかけ離れていることは明白である。むろんソクラテスはそのことに異を唱えない。彼が建国の基礎に置いてきた人間の自然本性そのものがこの健全さを乗り越えて膨張して行くのは必然であり、その趨勢に歯止めをかける力は存在しないことを見越しているからである。「必要」の充足はそのまま「欲望」に変質してどこまでも拡大していく。その過程にすぐに制約をかけることはされず、「贅沢な国家」あるいは「熱でふくれあがった国家」（372E）へと膨張していく〈自然的〉道筋の取り押さえのみが行われる。

「そこには、寝椅子や食卓や、その他の家具が加わることになろうし、また御馳走や香料や香や妓《おんな》たちや菓子など、それも、それぞれみな種々さまざまの種類のものが要ることになるだろう。さらには、われわれが最初に語っていたもの――家や衣服や履物――にしても、もはやそれらを必要最小限のものにとどめるべきではなく、絵画や刺繡《ししゅう》を始めなければならないし、金や、象牙や、すべての類《たぐ》いのものを手に入れなければならなくなる」（373A）

それらを満たすためには、当然ながら、多種多様な役割を果たす人たちが必要とされ、国家規模はさらに肥大化する。音楽文藝にかかわる詩人たちなど「真似（模倣）」すなわちミーメーシスの仕事にたずさわる者たち(373B)が登場するのもこの段階においてである。そういう生活は、「医者を必要とすることもずっと多くなる」(373D)。そして、国民の増加と贅沢を支えるにはより広大な土地も確保しなければならず、その争奪をめぐってついに国家間の〈戦争〉が始まる。「国々にとって公私いずれの面でも害悪が生じるときの最大の原因であるところのもの、そのものから戦争は発生するのだ」(373E)。むろん「最大の原因」とは無際限の欲望のことである。

ここで国を守る戦士たち(守護者たち)が必要とされることで、国家発展は一つの決定的な段階を画され、それと同時にソクラテスの国家建設は既存の体制とは異なる独自性を帯び始める。民主制アテナイ社会は国民皆兵を原則として成り立っていたが、新たな提案によれば、〈守護者たち〉はとりわけ困難かつ重要な任務に当たる者として、それに専念し、特別の階層を形成しなければならないとされるのである。もっとも、彼が採ろうとしている方針は、「一人が一つの仕事だけをする」(分業)という、最も人間の〈本性〉に適した原則を、従来どおりに、あるいは任務の重要性に応じてそれ以上に明確に適用したものにほかならない。

モデル国家における統制と自由

国家建設のその段階に進む前に、やや議論を先回りして次のことを確認しておこう。しばしば読みすごされがちで、そしてそのためにソクラテスの国家建設が強固な「国民統制」を敷くものであるとも見なされるのだが、実のところこれまで語られてきた一般市民の生産活動や経済活動のかぎりについては、必ずしも厳格に「職業選択の自由」が制限されているわけではない。むろん、各人が各様に持てる素質をそのかぎりにおいて効率よく、しかも最もよく実現するためには「一人一業」を逸脱するべきではないのだが、しかし「もし大工が靴作りの仕事をしようとしたり、靴作りが大工の仕事をしようとしたり、お互いの仕事道具や地位を取り替えたり、あるいは、同じ人間がその両方の仕事をしようとしたり、その他すべてがこうして取り替えられるとした場合、何らかの重大な害を国家に与えることになるだろうと君には思えるかね」とも語られていて、それが国家的見地から画一的に強制されるべきものではないことが示唆されているのである(第四巻 434A)。

この点は欲望の無際限な増大についても同様で、ソクラテスはそれを国民全体に対して一方的に規制しようとはしていない。適正さを越えた欲望や快楽が実はまったく空疎なものでしかないことを明らかにする議論は、この「対話篇」の眼目の一つとなっているが(特に第九巻 583B-588A)、その認識はごく少数の人たちの中にしか生じえないであろう。当然、この国家においても「たくさんの種々さまざまの欲望や快楽や苦痛を、主として子供たちや女たちや召使たちや、さらに自由人とは名ばかりの多くのつまらぬ人たちのなかに、ひとは見出すことができるだろう」が、それらは「よりすぐれた人々の欲望と思慮の制御のもとに支配されている」ことによって、すなわち欲望や快苦についての正しい考え方が国家全体に明示されることによって、それがおのずから自己抑制力として働くことが期待されている(第四巻 431B-D)。

したがって、もう一度繰り返しておけば、大多数の国民には強固な国家統制も禁欲も課されてはいない。彼らの間に存在する人間的多様性は所与の前提として国家建設の基礎に置かれ、あるがままにそのうちに包摂されているのである。この国では人間の〈自然本性〉がたえず最大限に尊重され、その理想的伸長と自制を目指すことによって、建設は進められていく。既存の概念装置や確定された計画にもとづいて現実を截断し、ある枠組みの中に画一的に押し込むことが独裁的な全体主義に通有の徴表であるとすれば、ソクラテスの国家はむしろそれから最も遠い存在である。この国では事細かな規則を定めた法律さえ存在することを要しない（第四巻 431B-D）。あえて「法」規定によって拘束しなくても、正しい教育を身につけた者たちが正しく是非善悪を判断し、それに即してふるまえば、おのずから「法」に合致したふるまいをすることになるものと期待されるからである。すべてを法によって律するのは「愚かなことだ」とも言われる。「そんなことを言葉や文字で立法化してみたところで、効果もないし、長つづきもしないだろう」し、「規定される必要のあるかぎりの法律の内容は、そのほとんどを、彼らはきっと容易に自分で見出すことでしょうからね」（第四巻 425A-D）。

守護者（軍人）階層の形成

さて、対外戦争の必然性に促されて、軍務に当たるべき〈守護者たち〉が要請されるが、彼らには、あたかも人間の〈自然本性〉にそぐわないかのように、本来的に相対立する二つの特性が同時に求められる。すなわち敵に対しては勇猛果敢でありながら、味方に対しては従順穏和でなければならない。これについては犬という勇猛で忠実な動物の存在によってその〈自然〉性が保証されるのだが（375E）、そのこと自体はむろん軽いジョークでしかない。以下に力を込めて語られるように、この困難な要請に見合ったまったく新たな支配階層の形成を実現するためには、彼らはきわめてきびしい条件が課されなければならない。第一巻でトラシュマコスが語気を荒げて論じていたように、強者が力によって支配するのが国政の実情であったとすれば、ソクラテスが求めるような、ひたすら真の意味で「国家の利益と考えることは全力をあげてこれを行なう熱意を示し、そうでないことは金輪際しようとしない」(第三巻 412E)守護者・支配者階層のあり方こそ『国家』における最大の逆説であり、このあとに提出される多くの途方もない要請はすべてその逆説性に端を発するものであると言っていいだろう。

しかも、軍務の担い手はなお真の〈支配者〉に対する〈補助者・援助者〉でしかない。彼らの中からさらにきびしい試練と実体験による選抜を経て、「年長者のうちでも最もすぐれた」わずかな人たちが、最終的に国家の運営を担当するものとされるのである(第三巻 412B-C)。彼らはどれほど困難と思われる課題を克服しなければならないことか。しかも、その最も困難な課題は、強制によってではなく、あくまで教育を通じて、みずからの主体的判断によってそれらを是認するほかないところにある。

二　教育の力——音楽・文藝と体育(第二巻 376E- 第三巻 412B)

教育——「たった一つの大きなこと」

こうして本書のもう一つの実際的主題である「教育(パイデイアー)」がクローズアップされてくる。

以下の議論においては、この問題を視野の中心に組み入れ、国家建設の過程と並行的に見ていくことにしたい。国家における三階層の形成とそれに照応した各人の魂の陶冶と完成には、三段階の教育過程が対応する仕方で順次論じられ、その内実の検討が対話の最も大きな部分を占めることになるからである。実際、全一〇巻のうち、第二巻の後半から第七巻末まで、すなわち「国家論」の大部分が直接間接にそれに当てられている。国家においても各個人においても、その内に徳と正義を実現させる力の源泉はこの「たった一つの大きなこと」（第四巻 423E）にかかっているのであり、厳重な法的規制と統制にかわって国家に秩序をもたらす力は、もっぱら教育による国民の陶冶に託される。教育こそがソクラテスの国家における最大の事業であると言うことができるし、実際には、そして最終的には、『国家』の最重要テーマはここにあると言ってよかろう。少し先の個所で、すでに多くの難題が提起されたあとに強調されているのもそのことである。

「われわれはけっして、人がそう思うかもしれないように、あれやこれやと大へんなことをたくさん彼らに命じているわけではなくて、すべてはわけもないことばかりなのだよ――もし彼らがいわゆる「たった一つの大きなこと」を、あるいはむしろ、大きいというよりは充分なことを、守りさえすればね」

「何でしょうか、それは？」と彼は言った。

「教育と養育のことだ」とぼくは答えた、〔後略〕。（第四巻 423D-E）

国家による教育の制度化はしばしば国民を画一的に統制するための手段となりがちだが、ここでは、むろんそれとは対極的な意図と理念のもとに行われていることに注意するべきであろう。「教育(パイデイアー)」とは、ソクラテスにとってつねにそうであるように、けっして外から「教え込まれる」べきものではなく、各自の意志にもとづく自発的な意欲によってなされるべき「自己形成」の努力である。そして、この理想国は基本的にはその意味での教育(のみ)によって支えられているのである。

さて、教育の最初の段階としての「初等教育」には第二巻の後半と第三巻の大部分が当てられている。この過程は「守護者」選定のためのものであるが、つまりはすべての子供たちが受けるべき国民教育である。それには「長い年月によってすでに発見されている教育のあり方」がそのまま踏襲され、「身体のためには体育が、魂のためには音楽・文藝が」割り当てられる(376E)。もっとも、体育の本来の役割はあとで大きく見直されるのだが(410B-412A)。

音楽・文藝(ムゥシケー)——教育は「物語」に始まる

「音楽・文藝(ムゥシケー)」という括りはムゥサ(ミューズ)の女神の司る領域を意味し、叙事詩・抒情詩・ドラマなどの文藝分野のすべてを含むとともに、竪琴や笛などによる音楽やダンスが含み込まれ、ときには学問分野にまで及ぶ、古代ギリシアに固有の文化的・教育的枠組みで、彼らの〈教養(人間形成)〉の中心をなし、また情操教育・感情教育がこれによって担われた。プログラムの最初に

「体育による教育よりも、音楽・文藝による教育のほうを先に始めるべきではないだろうか」(376E)と言われているのは、教育上の重要性の比重を意味するだけではなく、むしろ教育はまず幼児期に両親や乳母から聞くおとぎ話的な神話に始まるという、「すでに発見されている教育のあり方」を指しているのだが、幼児期にこそ「それぞれの者に捺そうと望むままの型(テュポス)がつけられる」(377B)だけに、最初期から聞かされる物語のたぐいについてはきわめて厳しい選択と配慮が加えられる。『国家』の「教育論」の中でも、この過程に最も多くの量の議論が費やされているのは、とりわけ詩歌・文藝の伝統が当時における人間形成に果たしていた役割の大きさに、ソクラテスも注意を怠らなかったからにほかならない。

「そうすると、どうやらわれわれは、まず第一に、物語の作り手たちを監督しなければならないようだ。そして、彼らがよい物語を作ったならそれを受け入れ、そうでない物語は拒けなければならない。受け入れた物語は、保母や母親たちを説得して、子供たちにそういう物語をこそ話して聞かせるようにさせるだろう。そのようにして、手を使って子供たちの身体を丈夫に形づくることよりも、物語によって彼らの魂を造型することのほうを、はるかに多く心がけさせることになるだろう。しかし、現在語り聞かせてやっている物語の多くは、これを追放しなければならないのだ」(377B-C)

詩人たちへの批判と「検閲」

批判の矛先はもっぱら最大の詩人たるホメロスおよびヘシオドスに向けられる。彼らの神話的叙事詩は限りない魅力に充ち満ちているが、しかしそこに描かれている神々や英雄たちの姿は「よからぬ仕方で作りごとがなされ」ていて、「ちょうど画家が、似せて描こうと望んでいる対象と少しも似ていないものを描くようにして」偽りに彩られてもいる(377D-E)。やや議論が進んだところで言われているように、それらの詩句を禁ずるのは「詩としてうまくできていて、多くの人々にとって聞くに快く楽しいものであることを否定するからではない。むしろ詩としてうまくできていればいるだけ、それだけいっそう……こうした詩句を聞くべきではないからなのだ」(387B)。言うまでもなく、ギリシア神話の神々や英雄たちは、互いに殺害や復讐を繰り返したり、欺瞞と偽りによって相手を陥れたり、密通や誘拐を重ねたりと、ほとんど暴虐のかぎりを尽くし、むしろそれによって彼らの抗いがたい力の大きさを誇示するかのようだ。また彼らはしばしばその偉大さにふさわしからぬ怯懦なふるまいや見苦しい態度を見せもする。

ソクラテスは、ホメロスやヘシオドスに見られるそうした叙述の逐一を槍玉に挙げていく。そこになされている詩行の博引旁証ぶりは、批判的な意図を持った引用にもかかわらず、彼が(あるいはむしろプラトンが)いかに彼らの作品を愛好し、それらに精通していたかを端的に示していよう。この時代にあっては、それら古来の詩歌が一般的「教養」として暗唱されていた。ここでも、むろん著者プラトンは記憶の中から詩句を引き出していると考えてよかろう。ちなみに、ソクラテスによる多数の引用(381D-391B)がほぼすべて今日われわれが持っている標準的テクストに一致しているのに比して、その前のところでグラウコンが行う引用ではいずれもそれからずれている(364D-E)ことには、何らかの意味があるのだろうか。むろんホメロスやヘシオドスには多数のバージョンが伝承されていたことからすれば、必ずしもグラウコンの引用が杜撰だということにはならないだろうが、しかしプラトンが二人の詩的「教養」の差を意図して反映させている可能性もありそうに思われる。

そして、神話には「隠された裏の意味がある」こともむろんソクラテスは心得ているし、「できるだけ立派につくられた物語」が、文藝作品のかぎりにおいては、必ずしも一般的な道徳にかなった内容のものでなければならないと考えているわけではないことも言外ににおわされている(378D-E)。しかし目下のところは、もっぱら「国家の建設者」としての見地から、子供たちが「最初に聞く物語」に配慮を尽くし、そのための「規範」を立てようとしているのである。

たしかに、ここではソクラテスが断固とした「検閲」(彼の言葉によれば「浄化」)をやろうとしていることは否めない。しかし、繰り返し確認しておけば、これが国民全体に対して、あるいは国民全体にかかわることとして課される唯一の「規制」である。それも、第一義的には、さきに見たように「保母や母親たちを説得して、子供たちに〔中略〕話して聞かせるようにさせる」(377C)ためのものである。しかも、それはけっして国民支配の都合に合わせた恣意的なものではなく、一つの根本的な事柄についての誤った言説を排除し、確固とした〈真なるもの〉を「規範」(テュポス)として、あるいはその語の原義にもどせば「型」として剔出し明示することが狙いである。詩人たちに(直接には彼らに対してのみ)課される「規範」とは、これも基本的にはただ一つのことである。

「神がほんとうにそうであるような性格を、つねに必ず与えなければならないこと――神を詩の中で描くのが、叙事詩においてであろうと、抒情詩においてであろうと、悲劇においてであろうと、いずれの場合にもね」(379A)

神とは、いわばその定義上からして、完全に善きものに他ならないが、詩人たちに要請された使命は、そのほんとうのありようを正確に描くことによって、〈善〉とは何かについての「型」(テュポス)を指し示すことにある。それは人びとに対して、まずは幼少年期に「規範」として、すなわち善きものの鮮明な素型として彼らに提示され、しかも詩の持つ独特の力によって、いまだ理《ことわり》の介在する以前から(402A)、魂のうちに深く浸透し、外的な規制よりもはるかに強力な作用を及ぼすのである。

とすれば、ソクラテスの「検閲」が詩の内容についてだけではなく、むしろ「語り方」や使用すべき韻律に対しても厳格になされているのは、当然のことであろう(392C-401A)。文藝的効果を左右するのはそうした要素に他ならないことを彼は重々承知しているからであり、それだけに彼は詩歌文藝の効用に期待すると同時に、その悪影響により強く警戒をはらっている。「語り方」について言えば、それには「単純な叙述」と「〈真似〉(ミーメーシス)を通じて行なわれる叙述」(およびそれら両者の併用)とがありうるが(392D)、この国の詩人たちはもっぱら作者自身が「どこにおいても自分を覆いかくさない」で語る「報告」のかたちをとる前者によるべきであり、〈真似〉による語り方は最小限に抑えなければならない。すなわち、登場人物の喜怒哀楽のさま、特に劣悪な者たちのふるまいや言動、あるいは動物の鳴き声、雷鳴や嵐などの様子を身ぶりなどの〈真似〉、すなわち他者へのなりすましによって再現描写する演劇的な手法は、この国での人間教育の根幹、そして人間の本性に反することとして排除される。多様な性格は本来の自己を逸脱したところに表出するものであり、それらの模倣体験すらも「若いときからあまりいつまでもつづけていると、身体や声の面でも、精神的な面でも、その人の習慣と本性の中にすっかり定着してしまう」ものだからである(395D)。

したがって、よき〈真似〉がありうるとすれば、それは「すぐれた人物のある言葉なり行為なり」についてだけだということになり、この国にふさわしい詩人の「語り方」は、おのずから「〈真似〉と単純な叙述との両方のやり方を含みはするけれども、〈真似〉が占める部分は、長い話のなかで少ししかないことになる」であろう(396C-E)。

むろん、ソクラテスの批判が音楽・文藝の通念的な魅力をあからさまに減殺するものであるのは、彼自身もよく承知してのうえでのことである(397D)。しかし、音楽・文藝の力を知っていればこそ、「善きものの〈真似〉を通じての感化」によって、その「ほんとうに有益なもの」(あとは〈快〉と悪影響でしかない)を純粋に抽出することによって、そこに含まれている本来的な〈善さ〉の実質を取り押さえてみせているのである。むろん、ここにもソクラテスのアイロニー(空とぼけ)が濃厚に投じられていて、極度に爛熟した同時代のアテナイ文藝の動向(たとえばエウリピデス劇)に危うさを感知し、その逸脱に歯止めをかけるとともに、通例の音楽・文藝に最も表現困難な領域〈真似〉も叙述もほとんど成立しない領域)にあえて局限しつつ、ここで要求されているような作品に体現されうる魅力こそがそれ本来のもの、真正のものであること、「すぐれた」音楽・文藝であれば当然その課題をも克服し、なおも魅力ある作品たらしめなければならないことを、挑発的な主張の裏で詩人たちに迫っているのである。

歌うべき詩の内容と「語り方」の制約は、それに付随する音楽的な曲調と韻律(リズム)にも直結する。多様なギリシア音楽の調べが一とおり検討されるものの、残されるべき調性は「節度ある人々」に見合った「プリュギア調」と「勇気ある人々」に見合った「ドリス調」との二つで必要十分であることがただちに同意される(396C-399C)。また、リズムについては明確に特定されてはいないが、わずかに単純素朴なものがあれば足りるとされていることで、そこに意図されているところは明らかである(396C-400E)。ソクラテスの求める「正しい吟唱のための語りはほとんど同じ調べをとり、単一の音調のうちになされることになるのではないかね。なにしろ、変化が少ししかないのだから。さらにはそのリズムもまた同様に、何か一様斉一なリズムとなる」(397B-C)と言われるのは、むしろ自明の帰結だと言ってよかろう。

ほとんど音楽・文藝が音楽・文藝として成立しないような要件を突きつけてきびしい規制を図るソクラテスを、「アムゥソス」(ミューズの業を解せぬ者)と決めつけてはならないことは、先にも触れたとおりである。実際、すぐれた作品だからといって、ただちにそれを「善く生きる」ことに裨益するべきものと見なすのがまったく誤った考え方であることは言うを待たないであろう。その浸透力は、ときには劇しい毒ともなりうるのであり、もしそのような力を持ち得ないとすれば、もともと音楽・文藝と呼ぶにも値しないのである。裏返して言えば、音楽・文藝それ自体の優劣は人間教育に「有益」であるか否かにはおよそ関係ないことである。また、いかにソクラテスの要求のままに純粋な叙述スタイルを順守し、単純素朴な音楽に乗せたとしても、詩歌としてつまらないものであれば、むしろんその作者は無価値な詩人にとどまらざるをえない。すぐれた音楽・文藝のみの持ちうる魂を動かす力を、真に善き支配者育成のためのプログラムの基礎に置こうとすれば、要求はきわめてきびしいものとなるのは、当然のことであろう。

「そういうことがあるからこそ、音楽・文藝による教育は、決定的に重要なのではないか。なぜならば、リズムと調べというものは、何にもまして魂の内奥へと深くしみこんで行き、何にもまして力づよく魂をつかむものなのであって、人が正しく育てられる場合には、気品ある優美さをもたらしてその人を気品ある人間に形づくり、そうでない場合には反対の人間にするのだから。そしてまた、そこでしかるべき正しい教育を与えられた者は、欠陥のあるもの、美しく作られていないものや自然において美しく生じていないものを最も鋭敏に感知して、かくてそれを正当に嫌悪しつつ、美しいものをこそ賞め讃え、それを歓びそれを魂の中へ迎え入れながら、それら美しいものから糧を得て育くまれ、みずから美しくすぐれた人となるだろうし、他方、醜いものは正当にこれを非難

し、憎むだろうから――まだ若くて、なぜそうなのかという理《ことわり》を把握することができないうちから
ね」　　(401D-402A)

体育――自己身体管理能力の養成としての

さて、「音楽・文藝の次には、若者たちは体育によって育てられなければならない」(403C)。体育には当然「つらい鍛錬」(410B)も組み込まれているが、ここでソクラテスが最初に語っているのが運動選手たち(しばしば国家の庇護を受け、「プロ」化している者も多かった)の不自然な身体状態への批判であるように、むしろ医学とも連動した仕方での健全な身体を維持する自己管理能力の養成である。そして、まず第一に美食や過食が禁じられ、「単純素朴」な食事と生活法がよしとされることで、議論はただちに音楽・文藝による教育の場合に対応づけられる。

「そうすると最善の体育は、われわれが少し前に述べた単純な音楽・文藝の、姉妹のようなものだということになるね?」
「どういう意味でしょうか?」
「すぐれた体育、とくに戦士たちのためのそれは、単純素朴なものだろうということだ」　(404B)
たとえば、手の込んだ料理やご馳走は戦士たちに馴染まないばかりでなく、そもそも身体を良好な

状態に保つためには避けなければならないものなのである。すでに音楽・文藝のあり方を論じたさいに、多数の詩人や複雑な楽器やその製作者が無用とされた段階で言われていたことだが(399E)、ここでさらにはっきりさせられるように、当初グラウコンたちの要求で「贅沢にふくれあがった国家」への進展は結局のところ取るに足らぬものだったのであり、余分で有害なものを「浄化」していけば、国家の理想はふたたび限りなく「豚の国」(あるいは「健康な国家」)へと収斂して行くことが容易に確認合意されている。(ただし、「理想国」実現のためには、必ずしも国家全体においてそのような「浄化」が完全に行われなければならないということを意味するものではないことに注意したい。その理想を「理念」として国民が共有することが重要であって、各自はなおそのもとで「自由」な生を営むであろう。)

音楽・文藝と体育とのあり方は、さらに深く呼応し合っている。

「じっさい、思うにわれわれは、一般にこのような〔多彩な〕食事や生活法というものを、ありとあらゆる調べ(音階)とリズムを用いて作曲された曲調と歌になぞらえるならば、正しい比較になるだろうからね」

「ええ、むろん」

「すると、先の場合には、多様さは放埒を生むということだったが、ここではそれは病気を生むのであり、他方単純さは、音楽においては魂の内に節度を生み、体育においては身体の内に健康を生

む、ということになるのではないかね?」（404D-E）

病気と放埒な性格はまったき並行関係に置かれる。前者は多くの場合身体的放埒の結果であり、後者は魂における病気であると言っていい。

「そして、一国に放埒と病気がはびこるときは、数多くの裁判所と医療所が開かれ、法廷技術と医療技術とが幅をきかすことになるだろうね――自由人ですら大ぜいの人たちが、ひどくそうした事柄について真剣な関心を寄せるような状況では」（405A）

この指摘は、当時のアテナイの典型的な訴訟社会のありさまや国家医師を含む多くの医師が「幅をきかす」状況に向けられたものに他ならないが、それこそ「一国における教育が悪しき恥ずべき状態にあることを告げる」（405A）何よりの証拠であった。

さしあたり体育（すなわち生活法）は身体の健康を形成維持する努力である。しかし、それを怠り、誤った食事や生活法によって身体が病気になることに対するソクラテスの態度は、誤った音楽・文藝教育によって放埒な人間になることに対してと同様に、ことのほか手きびしい。正邪の判定を他人に委ねることになる裁判沙汰も恥ずべきことだが、怪我や一時的な病気は別にして、特に「怠惰やわれわれが述べたような生活法のために」（405D）慢性の成人病に類するものに罹患して長期的な治療をつづけなければならない人たちを、強く難じている。その典型がヘロディコスという人物で、事細かな養生法によって「自分を全治させることもできなかったし、いっさいの仕事のための時間を諦めて、ひたすら療養のうちに生涯を送った」結果、老年までたどりついたのだが、アスクレピオスのような太古の医師がそういう治療に手を染めなかったのは、「一生病気の治療をしながら過すような暇は誰にもない」ことをよく知っていたからだ、とソクラテスは言う(406B-C)。延命そのものに何らの価値を認めない彼の立場はむしろ当然であろう。むろん医療の発達した今日では「身体に対するこの過度の気遣い」(407B)の度合いと内容に変更の余地は多々ありうるだろうが、それと同時に、突きつけられている問題はかえってより複雑化し、われわれの対処はより困難なものになっているとも言わなければなるまい。

体育――気概的要素の養成としての

しかし、体育教育の役割はそれにとどまらず、むしろ真の狙いは別のところにある。すでに見たように、体育は音楽・文藝と対をなして、身体と精神(魂)それぞれの健全さを培うものとされていたのだが、さらにそれは魂そのものに対してもより重要な役割を担っているのである。

「体育の内容をなすつらい鍛練そのものも、彼〔理想国の若者〕は体の強さを目的とするよりはむしろ、自分の素質のなかにある気概的な要素に目を向け、それを目覚めさせるためにこそ行なうだろう。

その点は、他の一般の競技者たちがもっぱら体力を目的として、自分のために食事やつらい鍛練を取りしきるのとは違うわけだ」（410B）

すなわち、「体育」には「つらい鍛練そのもの」が、健康維持のための身体の世話とは区別されたものとしてあり、それはむしろ魂の持つべき気概的な要素（勇気・勇猛さ）の涵養に関わっている。ただし、それはきびしい身体的鍛練のみによって養われるわけではなく、音楽・文藝との共同作業が必要とされるのである（音楽・文藝教育が先行する理由の一端はここにあるのかもしれない）。しかも「理《ことわり》を把握することができない」（402A）うちになされた最初の段階を越えて、「知を愛する素質（ピロソポス・ピュシス）」がそれとして発動することで、「気概的要素」との共同作業に参画する。それらは激しさと穏やかさという相互対立的な性質を魂にもたらす二つの要素として、（その共存は忠実な犬のうちにモデルを見いだされたのだが）国の守護者たちに同時に要求されていたものだった（第二巻374D-375E）。やがて議論が進むにつれて、それらは魂の三つの「部分」のうちの二つに振り分けられるのだが（第四巻 434C 以下）、ここではまだその区別は立てられていない。そのためもあってか、魂総体に対する体育と音楽・文藝との相互作用がやや見えにくくなっているようだ。しかし基本的には、体育の鍛練を積んで勇猛になると同時に、「学びや探求」（411D）をも含む高度化された音楽・文藝によって「暴力と粗暴さ」に堕することを抑制し、両者相まって理想的な守護者の素質を形成することにある。重要なのは、ちょうど竪琴の調弦と同じように、その間のバランスである。

「こうして、どうやらこれら二つのもののために、ある神が二つの技術を人間に与えたもうたのだと、ぼくとしては主張したい。すなわち、気概的な要素と知を愛する要素のために、音楽・文藝と、体育とをね。これらはけっして、魂と身体のために――副次的な効果は別として――与えられたのではなく、いま言った二つの要素のために、それらが適切な程度まで締められたり弛められたりすることによって、互いに調和し合うようにと与えられたものなのだ」(411E-412A)

第四章 「一つの国家」という困難へ
（第三巻 412B ―第四巻 427C）

「国民教育」としての音楽・文藝と体育の過程で、すぐれた素質を示した若者たちが選抜されて、国防と秩序維持に当たるべき「守護者階層」が形成される。生産活動に携わる一般市民は規制の少ない「自由主義」的環境の中で生活するが、選抜されて国事に携わる守護者たちには多くの規制が課され、戦時を想定した生活環境の中できびしい訓練を重ねなければならない。議論が進むにつれて、ソクラテスの国家は次第に現実の国家の倒立像の様相を呈していく。彼の念頭にあるのは真の意味での「一つの国家」という端的な理想である。

「全き意味での〈守護者〉」＝支配者の養成へ

こうしてソクラテスの求める要件にかなった守護者階層が形成される。ただし、目下の守護者たちの主たる任務は国土の防衛のみにある。選抜はただちに次の段階に移され、彼らに対してさらに心身両面にわたるきびしい試練と試験が課される(412B以下)。最も重要視されているのは、快楽や誘惑を含めて何ものにも信念を揺るがされず任務に専心する精神的強靭さである。さしあたりその過程について具体的には論じられていないが、やがて明確にされるプログラムでは、最終的には数十年にわたる真に困難な段階選抜をたどってようやく達成されるべきものとされている(第七巻521C-531C)。それに耐えた者こそが「全き意味での〈守護者〉」であり、「われわれがこれまで守護者と呼んできた若者たちは、支配者たちの決めた考えに協力する〈補助者〉であり〈援助者〉であると呼ぶのが、正しいのではないかね?」とソクラテスは念を押す(414B)。このようにして、国家の成員は、生産労働とお金儲けに励む職人たち、国防と秩序維持に専念する軍人たち、そして国家運営に当たる政治的支配者たちの三階層に分かたれ、これによって国家の骨格が整えられる。

「気高い偽り」としての建国神話

さて、ここまでほぼ「人間の自然本性」に沿って進められてきた議論は、にわかに現実国家とはまったく異なった様相を呈し始め、大いなる〈ユートピア〉的世界が構想されることになる(むろん、それもまた自然本性に従った展開にほかならないのだが)。あたかもその入口を構えるようにして、一つの「気高い性格」の「偽り(作り話)」(414B)の導入が図られる。ソクラテスの大きなためらい(それはこれ以降しばしば繰り返されることになる)とともに語られるのは一種の「建国神話」で、この対話で想定されている国民はすべて新国家の第一世代であることから、その創建者として彼ら自身が神話と化すべきだとされるのである(414D-415C)。彼らの養育期間にあったことは実はすべて夢であり、「ほんとうは、その間彼らは地の下にいて、大地の内部で形づくられ育てられていたのであり、〔中略〕やがて彼らがすっかり仕上げられると、母である大地は彼らを日の光のもとへ送り出した」ことにしようと彼は言う。この典型的な建国神話によれば、彼らは「みな同じ大地から生まれた兄弟であると考えなければならない」のである。さらには、ヘシオドスが『仕事と日』一〇九行目以下で語っている「五時代神話」を踏まえつつ、国民のうち支配者となるべき人には金が、補助者となるべき人には銀が、その他の人たちには鉄と銅が、神によって混ぜ与えられて生まれてきたのだ、ということも神話の重要な要素とされている。ただし、そのことは各階層間の世襲的身分の固定化を何ら保証するものではなく、どの階層から生まれてきた者でもまったく無差別に資質が吟味され、その結果に応じて適切な階層へと再配置されるのであり、その点こそは「国を支配する者たちに神が告げた第一の最も重要な命令」(415B)にほかならない。すなわち、生まれつきの資質(ピュシス)の優劣にもとづく選別という原則は動かず、かえってそれを強化する役割を担っているのである。

むろんこのような「建国神話」が根づくことがあるとしても、それは何世代も後になってからのことであるし、その成否は「民の声がこの物語をどう扱うかによって、いずれとも決まること」である(415D)。『国家』に対する今日的評価において、ある意味で最もきびしい批判を浴びている「偽り」を、なぜソクラテスはあれほどにためらいながらも、あえて取り入れようとしたのか。彼には国家の自然本性的必然性とともに、その「制度」としての根本的な脆弱さがよく見えていたのであろう。そして他方、すでに論じられてきた幼児期からの（理《ことわり》以前の）音楽・文藝教育の大きな浸透力を見抜いていた彼は、その中に一見荒唐無稽と思われる古来の「建国神話」をすべり込ませることが、それを強化するためにきわめて有効なものと考えたにちがいない。言うまでもなく、これもまた教育的「説得」として、強制的弾圧からは最も遠い手段であり、しかもその内実はあくまでこれまで対話的に合意されてきた事柄を実現することにあって、何らそれから逸脱するものではないことは、注意されてよかろう。

守護者階層は私有財産を所有するべからず

つづく議論での焦点は、当初からの眼目であった国家の統合的一体性の確立に当てられる。そして、そのための途方もない難題がもっぱら守護者階層に課されていく。「何ぶんにも彼らは、一般の人たちよりも力がまさっている」がゆえに「国民の為を思って戦う味方でなく残忍な暴君に似た者とならないように、あらゆる手段を講じて防がなければならない」からである（416B）。最善の手段が教育によるべきことは当然とされるにせよ、それを補完するために彼らに定められた規律はきびしい。

「ではひとつ、見てくれたまえ」とぼくは言った、「そのような人間であるべきだとすれば、彼らは何か次のような仕方で生活し居住しなければならないのではないだろうか。

まず第一に、彼らのうちの誰も、万やむをえないものをのぞいて、私有財産というものをいっさい所有してはならないこと。

つぎに、入りたいと思う者が誰でも入って行けないような住居や宝蔵は、いっさい持ってはならないこと。

暮しの糧は、〔中略〕ちょうど一年間の暮しに過不足のない分だけを受け取るべきこと。

ちょうど戦地の兵士たちのように、共同食事に通って共同生活をすること」　(416D-E)

これらの制度は、たとえばスパルタ兵士の共同食事(ピディーティオン)がよく知られているように、当時のギリシアにいくつかの先例がありはしたが、これほど徹底して行われたことはなかった。まさに大胆な改革提案と言うべきもので、他国の支配者たちが利得をむさぼり贅のかぎりを尽くしているのと較べて、この国の守護者たちはまるで傭兵以下の境遇であり、「さっぱり幸福ではないことになる」というアデイマントスのクレームが出るのも当然かもしれない。しかし、それに対してもソクラテスは、彼らがそういうきびしさを受け入れなければ国全体としての幸福はありえないし、また彼らの幸福はいわゆる裕福な生活にはないのだと答えて、ほとんど一蹴している(419A-421A)。強者に富が偏ることを、彼は最も警戒すべき問題と見ているのである。いや、それ以上に大きな富も貧しさも「国の中に忍びこんでくるのをけっして見逃さないように見張らなければならない」(421E)。両者はいずれも国を分裂紛糾させ、堕落させる最大の要因にほかならないからである。ソクラテスによれば、いまみずからが建設しつつある国のほかには、単一の国家と呼びうるものは存在しない。

「なぜなら、そのひとつひとつがそれ自身、たくさんの国々なのであって、けっして一つの国家ではないのだから〔中略〕いかなる場合でも二つの互いに敵対する国が、そこにはある。すなわち、貧乏な人々の国と金持の人々の国とがそれであり、さらにそのそれぞれのうちに、きわめてたくさんの国が含まれているのだ」（422E）

いまだ実現したことのない「一つの国」という理想の達成は、しかし「教育」という「たった一つの大きなこと」を堅持していけばいいのだ、ということを彼は再度確認し（423E）、とりわけその最基底をなす音楽・文藝による確固とした方向づけにすべての成否がかかっていることを強調して（424B-427C）、国家建設の枠組み作りの議論を一旦終える。ただし、あたかも教育の問題に紛れ込ませるようにして「妻女の所有とか、結婚や子供をつくることといったような」問題についての言及がなされ、それらはさしあたり〈友のものは皆のもの〉という諺一つで済ませられているが（423E-424A）、実はここにはさらに途方もない目論見が隠されている。やがてこれらの問題が蒸し返されたときに提示されるパラドクシカルな諸論点に較べれば、守護者たちの私有財産の禁止条項など、むしろおだやかな提案であり、「一つの国」へのわずかな一歩にすぎなかったと言わなければなるまい。

第五章　逆説の大浪

（第五巻 449A-471C）

ついで対話は、この理想モデル的な国家の中で「正義」とは何かを探し求め、さらにそれを手がかりにして各人の魂のうちにあるべき「内なる正義」のかたちを明らかにしていく。しかし、ここでは国家建設にかかわる事柄を追っていくことにしたい。第五巻に入ると、あたかも本線からの逸脱と論じ落とした事柄の蒸し返しであるかのようにして、完全な国家を建設するためのさらに困難な課題への挑戦が大胆に語られる。国家における女性の地位と役割、それに連動した家族と子供の「共有」という提案は、理想国家の眼目がどこにあるかを強調するために、当時のアテナイ社会の風潮を逆撫でしつつ、あえてなされた挑発だった。しかし、それらの議論の「大浪」も、実はさらにその先でなされる、よりパラドクシカルな改革の前触れでしかないことが、やがて明らかになる。

一　男女の役割の同等性――第一の大浪（第五巻 451C-457B）

すぐれたモデル国家のうちに「大きな文字で書かれた正義」を探すという当初の課題が満たされたことで、実はすでにその議論の目的を終えているのだが、一旦始められた理想国造りは、ためらうそぶりのソクラテスをさらなる「議論の大群」（450B）へと巻き込んでいく。今やそれ自体が主題化されたということだ。

ほんとうの意味で「一つの国家」を実現するためには、さらに周到な手立てが幾重にも講じられなければならない。その一点を目指した以下のきわめて困難な議論は、いっそうわれわれも容易に同意しがたいものであろう。しかし、おそらくはあえて通念を倒錯させることでソクラテスが浮かび上がらせている事柄は、現実世界における国家という共同体のあり方やその中で営まれるわれわれの生に対しても、多くの示唆をはらんでいよう（ただし多分に毒にも転じうるものとして）。ソクラテス的対話は結論を拾い出す場ではない。そこではつねにみずから考えることが促されているのである。

さて、すぐれた正しい国家と〈正義〉についての考察を一旦なし終えたソクラテスが、話を悪しき国家との対比のほうに移そうとしたとき、その場の幾人かが異議を唱えて、彼はきわめて重要な論題を議論から省いているのではないかと言いつのる。「あんなことをいともぞんざいに言ってのけながら、何とかごまかせるだろうと考えておいでのようです――妻女と子供については「友のものは皆のもの」になるだろうということは誰にも自明のことだ、などとね」(449C)。

ソクラテスはたしかに意図して「いともぞんざいに」議論を省いたのだった。長談義に巻き込まれることが明らかだからでもあったが、同時に彼は、周囲から問いが呼び起こされるのをむしろ待っていたにちがいない。彼は幾度もためらいを見せて、そうすることで相手の関心をいっそうそそりながら、ようやく論じ始める。しかも「妻女と子供」の問題をさらに遡らせて、女性を男性と同等の資格で国政に参画させるべしという新たな「大浪」をみずから巻き起こすことまでして――。

男女間の自然的素質の相違とは

少し前に、ちょうど国家建設が一とおり終わったところで(第四巻427D)対話をアデイマントスから引き継いだグラウコンは、男女同等の国政参加に対して即座に「すべての仕事を同じように分担しなければなりません」と応答するが(451E)、それは単にソクラテスのためらいを軽減するためにすぎない。女性の公的地位は何ら認められず、市民権も男性に限られていた当時のアテナイ社会にあっては、とりわけきびしい軍務を含む守護者階層への女性の進出というアイディアは、ほとんどスキャンダラスな絵空事とも見なされたにちがいない。そのためには男性と同じ訓練を積まなければならないとすれば、彼女たちが裸で格闘技を行ったり、また武装して馬に乗ったりするさまだけでも、当然「気のきいた連中のいろんな冷かし」を浴びることになろう(452A-C)。実際、『国家』の執筆時期とほぼ同時代のアリストパネス喜劇『女の議会』にもきわめて類似した空想世界が描かれていて、両性の平等のみならず、財産や家族の共有化が逐一揶揄されている(ただし、アリストパネスの場合には、制度が国家全体にわたるものとされ、「地上の楽園」が夢見られている点で、その様相も意味も大きく異なっている)。

ソクラテスが次々に打ち出す新奇な構想については、彼自身も「確信もなく模索しながら同時に論をなすというのは、不安であぶなっかしいことだ」と断りつつ(451A)考察を進めているが、それもあながちいつもの「空とぼけ」ばかりではなさそうだ。おそらくは、その理念的な根幹をより鮮明にさせるために、あえて彼の新国家をいささかの冒険にさらすことを試みたのではあるまいか。「見た目のおかしさということもまた、理《ことわり》が最善と告げるものの前に、消えうせて」しまうものだとしても(452D)、ここでなされている諸提案は、けっして安全を保証された企てではなかったのであろう。

ソクラテス自身が問うように、「いまの問題についてまず第一に意見の一致を求めなければならないのは、はたしてそれらが実現可能であるか否か、ということではあるまいか」。そして、その可否は「人間が女としてもっている自然本来の素質は、あらゆる仕事を男性と共通に分担することができるものであるか、〔中略〕とくに戦争に関する仕事はそのどちらに入るのか、といった点」にかかっている(452E-453A)。

ソクラテスは想定される反論をあえて自ら提出し、問題を吟味する。――もともとこの国家は、「人はそれぞれのもって生まれた自然本来の素質に応じて、一人が一つずつ自分の仕事を行なわなければならない」ということを根本にすえていたのだが、とすれば「ところで、女は男とくらべて、その自然本来の素質において大いに異なっているというのが実情ではないかね？」という疑問が出てくるのは、むしろ当然のことであろうか(453B-C)。

なるほど、男女の自然本性には大きな相違がある。出産能力の有無や体力の差などは顕著な違いであろう。しかし、ソクラテスによれば、そうした反論は「論争家流に、ただ言葉の上だけで追い求めている」(454B)言いがかりにすぎず、事柄の本質を見ていない。なぜなら、

「いったいその自然的素質が異なるといい同じであるというのがどのような種類のものなのか、またわれわれが違った自然的素質には違った仕事を、同じ自然的素質には同じ仕事を割り当てたときに、その素質の異同ということをとくに何に関係するものとして規定したのか、といったことは、まったく考慮に入れていなかったのだ」 (454B)

たとえば、「禿頭の人たちと長髪の人たち」にも自然的素質の相違を認めることができようが、それにもかかわらず両者がともに靴作りに携わったとしても何ら差し支えがないように、「けっしてどんな意味での異同でもよいと考えていたわけではなくて、ただ当の仕事そのものに関係するような種類の相違と類同だけに、注意しなければならない」(454C-D)のである。とすれば、男・女という差異によって社会的・国家的役割を区別するのは誤りではないか、というのがソクラテスの対処である。

たしかに女性が比較的に非力であることは(何よりも体力的な意味で)否みがたく、その結果すべての

仕事につけて平均的には男性よりも劣るだろう、とソクラテスはその時代の事実を認定する(455C-D)。しかしその事実はかえって国家における女性特有の役割が決まっていることを否定し、その点に関する男女の自然的素質の差異は、いわば平均的な程度の差でしかないことを意味しよう。「そうとすれば、友よ、国を治める上での仕事で、女が女であるがゆえにとくに引き受けねばならず、また男が男であるがゆえにとくに引き受けなければならないような仕事は、何もないということになる」のではないか(455D)。

これも巧妙なパラドックスだが、当然ながら女性にもそれぞれ医者にも音楽家にも向いた者がいるし、体育や戦争、さらには国家の守護に向いた者もいることになり、たとえ当時の事実として「比較的弱い」と言われるにせよ、まさに「比較」の問題である以上、男性に伍して支配の任に当たり、あるいは男性以上にすぐれた能力を発揮する場合もありうることになるのである。自然的素質のありようそのものが男女の差を撤廃する。付言すれば、この議論を通じてソクラテスはどこにも明言はしていないが、しかし、守護者たちに必要な自然的素質とは身体的なものであるよりも、むしろ魂のあり方(勇気や知を愛する性向)にあることからすれば、世人の観点がもっぱら前者のみに限られているのに対して、彼は女性観、あるいはむしろ人間観に、まったく新たな視点を導入しているのである。

むろん男女がともに同等の教育を受け、守護者を目指すことで、「一国にとって、その内の女たちも男たちもできるだけすぐれた人間となること」が「善い」ことは、ごく手短に述べられているとおりである(456C-E)。すなわち、この制度は実現可能であるだけでなく、国にとって最善のものでもあることになる。「それならば、守護者の妻女たちは着物を脱がなければならない——いやしくも、着物の代りに徳(卓越性)をこそ身に着けるべきであるからには」(457A)。

二　妻女と子供の共有——第二の大浪(第五巻 457B-471C)

ようやくにしていま乗り越えたのは、なお第一の大浪でしかない。すぐに第二の大浪が押し寄せる。さきにソクラテスがうかつに口をすべらせるふりをした家庭・家族の「共有」の問題(言うまでもなく、守護者階層に限ってのことだが)である。しかしどういう意味での共有が想定されているのか。ソクラテスは、おそらく誰も思い及ばなかったほどに、徹底した仕方でその制度の適用を考えていることがすぐに分かる。

「これらの女たちのすべては、これらの男たちすべての共有であり、誰か一人の女が一人の男と私的に同棲することは、いかなる者もこれをしてはならないこと。さらに子供たちもまた共有されるべきであり、親が自分の子を知ることも、子供が親を知ることも許されないこと、というのだ」(457D)

とっさにグラウコンが「その可能性も有益性も容易には信じられないということにかけて、さっきのよりもはるかに大きな浪ですね」と言うのも当然であろう。ソクラテスによれば、その有益性に異論の余地はないはずで、むしろ問題はそれが可能であるか否かにあるというのだが、まずは〈理想〉を存分にふくらませて「そのことが行なわれる場合の、支配者たちがとるべき実際上の措置はどのようなものとなるかを考察し、そしてそれが実行されたならば、国家にとっても守護者たちにとっても、何にもまして有益であろうということを示すようにしたい」と彼は提案する(458B)。

妻女・子供の「共有」の意図するもの

事実、その実現可能性の問題は、後に分かるように、それがさらに途方もない議論を招き寄せることになるのだが、あたかもそれに先立って事の不可能性を強調するかのようにして、ソクラテスは「共有」の極限のあり方を描き出す。通例の婚姻制度を廃止し、できるだけすぐれた自然的素質を持った者、すぐれた働きをした者同士による子供づくりがなされるようにするための画策(459A-460B)、生まれた子供たちはすぐに親から離し、国営施設に集めて保母たちが養育する仕組み(460C-D)、定められた適齢期の順守と支配者の認可なしの男女関係や子供づくりの禁止(460D-461C)などについての叙述は、ほとんどグロテスクにすら思われる点を多々含んでいよう。とりわけ、不適切な仕方で生まれてきた子供たちについては「そのような子には養育が許されないものと心得て処置するように」(461C)ということが他の個所でも繰り返し言われていて、これは嬰児殺しを是認したものとも疑われている。少なくとも、子供はひそかに守護者階層以外のところに落とされるものと想定しなければなるまい。もっとも、規律を犯すようなことをしなければ、そのような事態はごくわずかにしか起こりえないし、さらには、そうしたことが起こらないような万全の配慮もまた、事の実現可能性の問題の内に持ち越されているものと考えられよう。

これほど驚くべき手段を尽くしてでもソクラテスが意図しているものは何か。すでに守護者たちからは私物・私財の所有が一切禁じられていたが、ここでもまたその狙いは同じく、「国を結合させて一つの国たらしめる」(462B)ことにある。そのためには、国民全体が苦楽の情に至るまで共有し、各自が「私のもの」とか「私のでないもの」とかいう区別立てをしないようなあり方が行き渡っている国家、さらには「一人の人間のあり方に最も近い状態にある国家」が最善だということになろう、と言われる(462B-E)。この国の守護者たちは、私有財産を一切所有しないことによって、一般国民との利害対立の外に立ち、彼らから端的に「守ってくれる人たち、助けてくれる人たち」(463B)と呼ばれるとともに、妻子の共有化は、特定の結婚関係や血縁関係を見えなくすることで、守護者階層全員の間に共通の家族的連帯の意識を醸成させ、きわめて強固な一体性を形成するものと期待されているのである。

「とすれば、まさにぼくの言うように、先に語られた事柄といま言われた事柄とは、両者相まって、さらにいっそう彼らを真実の守護者に仕上げるのではないかね？　そして彼らが同じものをでなく、各個別々のものを「私のもの」と呼ぶことによって、国を引き裂くようなことがないようにするのではないかね？〔中略〕むしろ逆に、彼らは「自分のもの」について、みなが同じ一つの考えをもちつつ同じ目標へ向かい、すべての者が可能なかぎり、苦しみと楽しみの経験を共にするようになるのではないか？」

(464C-D)

「共有」は国家を一体化させる？

むろん、もしこうしたことがそのまま現実の国家において断行されたとしたら、およそソクラテスの考えるような効果を生み出すことはできず、むしろ後にアリストテレスがすべてにわたって逐一指摘しているような問題(『政治学』第二巻第一章―第五章)が露呈することになるのは、ほとんど自明だと言ってよかろう。手短に言えば、家族であれ財産であれ、「共有化」は、「自分自身のもの、自分の愛するもの」の普遍化というソクラテスの企図に反して、逆にその意識を空洞化させるだけであり、また家族や一個人に類同化された国家はもはや国家ではありえない、というのである。

しかし、ソクラテスの国家における「非現実的」な諸施策は、そうした批判のみによっては、けっして意味を失うものではあるまい。これらの施策のすべては、正しい国家運営がいかに困難であり、そのためには国政担当者がいかに重要な役割と大きな責務を背負わなければならないかを明瞭にすることを目的として、図らずもギリシア喜劇的な誇張にまで足を踏み入れたものであり、文字どおりユートピア的なイメージによる挑発と寓意として受け取ればいいのかもしれない。彼の第一の意図は、意表をつく諸提言そのものの実現よりも、むしろそれらによって「一つの国家」という理想の重要性と達成の困難さを明るみに出すことにあったのである。ともあれ、それは「理想国家」であって、現実のものではない。

ソクラテスのためらい

言論の上での国家建設とその現実への適用との間には越えがたい隔壁があることは、彼も重々承知していた。自ら課した難題の大浪を二つまで乗り越えたところで、ソクラテスは、その「一つの国」を主導する守護者たちが受けるべき栄誉を「オリュンピア競技の勝者たち」に与えられる国家的名誉と処遇になぞらえつつ祝福し(465D-466B)、ついで議論をこれまで語ってきたような「共同」の実現可能性の問題に移そうとする。しかしその後もなお補足的な論点が重ねられるのは、当の問題にとりかかることへのためらいがあってのことでもある。やがて業を煮やしたグラウコンが話を先へ進めるように迫ると、ソクラテスは言う。

「これはまた突然に〔中略〕ぼくの話に向かって襲撃をかけてきたね。ぼくがぐずぐずと引き延ばしているのを、容赦しないというのだね。おそらく君は、先の二つの大浪をぼくがやっとのことで逃れたところへ、君がいま差し向けてよこしたこの第三の浪こそ、三つのうちでも最も大きく、最も厄介な大浪だということを、わかってくれていないのだろう。それがどんなものかを実際に見聞きしたなら、君はきっと、大いに寛大になってくれるだろう、——なるほど、これほど常識はずれの

言説なら、ぼくがそれを口外して検討を試みるのを恐れてためらっていたのも、無理ではないとね」（472A）

ここで論じられるべき実現可能性の問題は、直接には妻子の共有についてだったはずだが、グラウコンが問いを「われわれが語っているこの国制（国家組織）は、実現可能であるか、また、いったいどのような仕方で実現することができるのか、という問題」へと立て直したところで（471C）、むしろソクラテスの国家構想すべてにかかわるものとなる。そして第一の浪、第二の浪のかぎりでは実現可能性の問題も言論上のもの、あるいは理論的検証の範囲にとどまっていたのに対して、第三の浪とは、まさに言論の上での国家建設とその現実への適用という課題に、正面から対峙することを求めるものにほかならないのである。

「実践は理論よりも真理に触れることが少ない」

ソクラテスはなおも話を先延ばししながら、一つの重要な確認を求めるのも、理論と現実との関係についてである（472B 以下）。——これまでの議論において問題のもととなった〈正義〉に沿って言えば、「われわれがこれまで、〈正義〉とはそれ自体としていかなるものであるか、また完全に正しい人間がもしいたとしたら、その場合それはどのような人間であるかを探求してきたのは、模範となるものを求める意味においてだった」（472C）のであり、その「模範（パラデイグマ）」に着目しつつ、実際の人間たちのありようを判定することが目的であり、けっして模範どおりの人間を現実に見いだすことが目的ではなかったであろう。同様に、事を画家になぞらえてみれば、最も美しい人間の「模範(パラデイグマ)」を描いた場合に、「そのような人間が現実に存在しうるということを証明できないからといって、画家としての能力をそれだけ低く評価されるべきだろうか?・」(472D)。そんなことにはならないとすれば、「すぐれた国家の模範となるものを、言葉によって作成していた」以上、たとえ語られたとおりに国家を統治することが実際に可能であることを証明できないとしても、議論としての価値は失われはしないだろう(472E)。

この点の確認を取りつけたソクラテスは、さらに留保条件を示す。「いったい、言葉で語られるとおりの事柄が、そのまま行為のうちに実現されるということは、可能であろうか? むしろ、実践は言論よりも真理に触れることが少ないというのが、本来のあり方ではないだろうか?・」(473A)。この問いに対しても、グラウコンはただちにそのとおりだと認めているが、実はその諾否はこのあとにつづく長い哲学的議論のすべてに及ぶものと言わなければならず、その真の了解はむしろそれらすべてをくぐり抜けてのちに成立するべきものであろう。その意味では、ここに議論の大きな岐路がそっと隠されているのである。

さて、以上のような合意に立てば、目下の実現可能性の問題は次のような仕方で考察されることになろう。

「それでは、われわれが言葉によって述べたとおりの事柄が、実際においても、何から何まで完全に行なわれうるということを示さなければならぬと、ぼくに無理強いしないでくれたまえ。むしろ、どのようにすれば国家が、われわれの記述にできるだけ近い仕方で治められうるかを発見したならば、それでわれわれは、事の実現可能性を見出して君の要求にこたえたことになるのだと、認めてくれたまえ」（473A-B）

ソクラテスが言い訳めいた口調で重ねてきた確認事項は、しかしいつの間にか、むしろ彼の見定めている方向へと議論をたくみに追い込むものに変わっているのではないか。課題を満たすために要求されているのは、「模範」を見てとるとともに、現実的な諸制約を的確に勘案しつつ、可能なかぎり理想モデルへと近づける方途を見極める力である。それがどのようなかたちで実現されるのか、彼にはすでに明確な解答が用意されていた。

第六章　第三の大浪——哲人統治者、そして哲学者とは

（第五巻 471C—第七巻 541B）

ついにソクラテスは、「政治的権力と哲学的英知の一体化」を口にする。恐れていたとおり、彼の提言は聴き手たちを驚愕させるが、ソクラテスによれば、その驚愕の理由は、世の人びとが哲学に対して謂われのない誤解と偏見を抱いているからである。とすれば、そもそも哲学とは何であるのか、真の哲学者とはいかなる人であるのかが問われなければならない。かくして、最善の国家を実現するための取り組みは、同時に「哲学」という営為がはじめて一個の学として位置づけられ、明確なかたちを与えられていく過程にほかならないものとなる。議論は、その後さらに、そこに語られた真の哲学者を養成するための究極目標、すなわち〈善のイデア〉や、それに到達するための長大な教育プログラムの構想へと発展していく。

「最小限の変革」としての〈哲人王〉統治

一同をさんざんじらせることで、たくみに彼らに耳を傾けさせる準備を整えたところで、ようやく

ソクラテスは秘策を明かす。それこそが「最小限の変革」であり、「力の規模においてできるだけ小範囲にとどまる」ものだと彼は言う(473B)。なぜなら、たった一人の人間において一つの条件が実現すれば、万事はうまく運ぶようになるからである。

「哲学者たちが国々において王となって統治するのでないかぎり」とぼくは言った、「あるいは、現在王と呼ばれ、権力者と呼ばれている人たちが、真実にかつじゅうぶんに哲学するのでないかぎり、すなわち、政治的権力と哲学的精神とが一体化されて、多くの人々の素質が、現在のようにこの二つのどちらかの方向へ別々に進むのを強制的に禁止されるのでないかぎり、親愛なるグラウコンよ、国々にとって不幸のやむときはないし、また人類にとっても同様だとぼくは思う。さらに、われわれが議論のうえで述べてきたような国制のあり方にしても、このことが果されないうちは、可能なかぎり実現されて日の光を見るということは、けっしてないだろう」　(473D-E)

しかしこれを聞いて、第一の大浪にも第二の大浪にもさしてたじろがなかったグラウコン以下多くの聴き手たちがいっせいに仰天する。それはソクラテスが予期していたとおりの反応であった。彼自身も、「哲人王」による国家支配という構想が「世にも常識はずれ」であることを、重々承知している(473E)。

もっとも、ある意味では、ここに語られている「政治的権力と哲学的精神との一体化」という理想は、今日的には、むしろきわめて平明な、ほとんど「常識的」な通念を出ないものにも思われよう。しかし、われわれの間での「哲人王」に対する根深い誤解のもとは、かえってそこにあると言わなければなるまい。ソクラテスにとって、それはけっして実現不可能ではないが、しかしほとんど永劫の時間幅の中にのみかろうじて待望しうるものであった。言い換えれば、政治と哲学との間にはそれほどにも大きな隔たりのあることをはっきりと見てとることなしには、このテーゼはかえって空洞化され無意味なものとならざるをえないであろう。

哲学への誤解

困難の第一は、哲学をめぐる当時の実状にある。別のプラトン「対話篇」に登場する、前五世紀後半の最も先鋭的な政治家の一人カリクレスによれば、哲学とは「小さな子供が片言を喋ったり遊戯をしたりする」ようなもので、「若年のうちに哲学に携わるのは少しも恥ずかしいことではないが、いい年になってもまだ哲学をしているとなると、これはもう嘲笑すべきことでしかない」と語っているが(『ゴルギアス』485B)、こうした彼の意見は、むしろせいいっぱい好意的な見方だったと言うべきであろう。ソクラテスもまた、「現状では〔中略〕哲学を手がける者があるとすれば、そういう人たちは、やっと子供から若者になったばかりのころ、家を持って生計を立てるようになるまでのあいだに、哲学の最も困難な部分に近づいてみたうえで離れ去ってしまう。そんな連中が、いちばんよく哲学を学んだ人たちと見なされているようなありさまなのだ」(497E-498A)と語って、その現状を認めている。

とすれば、プラトンが「男子一生の仕事」(これも『ゴルギアス』におけるカリクレスの言)として、現実政治の場での活動を断念し、哲学とその教育に取り組むべく決意したこと自体が、この時代にあって、まさに「世にも常識はずれ」の企てだったのであり、ましてや哲学者を国家の支配の座に就かせようとする企てなど、およそ笑止の戯れとしか聞こえなかったのも当然のことである。【コラム「船乗りの比喩」参照】

哲学とは空理空論をもてあそぶ無用の業だというのが、当時のアテナイにおいても一般的通念であった。その状況は、ここで著者たるプラトンが直面している前四世紀半ばにおいては、さらに悪化の度を募らせていた。彼が哲学のあるべきかたちを模索していたこの時期、哲学者を僭称してさまざまな主張や活動をする人たちが登場していたからである。プラトンが対峙しなければならないのは、哲学軽視の一般的風潮よりもむしろそうした似非哲学者たちであり、彼らによって哲学が歪曲されていることこそが、その正当な認知を阻んでいる最大の原因にほかならなかったのである。

彼の目指す哲学は、亡きソクラテスその人の存在のうちに深い「謎」として秘匿されたままであった。そして、それ以外の既存の哲学なるものは、およそその名に値しない空疎な存在でしかなかった。ソクラテスが生死をかけて貫いた「正しい生き方」の内実を、確固とした学知のかたちで捉え返し、それを体現するための具体的なプログラムをまさに「哲学」として構築することが、プラトンの生涯の目標であった。

そうした中にあって、「哲人王」という大きなパラドックスを確固とした主張たらしめるためにまずなさねばならないのは「哲学者たちこそが支配の任に当るべきだとわれわれがあえて主張する場合、われわれが〈哲学者〉と言うのはどのような人間のことなのかを、彼らに向かって正確に規定してやる」ことでなければならない(474B)。それは同時に、著者プラトンが長年にわたって考察を重ねてきた哲学のあるべきかたちについて、はじめて明確な内実を与えようとする試行の場でもあった。まさにこの過程において、哲学という一個の学がようやく具体的な姿を現すことになるのである。

哲学者(愛知者)とは

ソクラテスは、その議論を「恋ごころ」に例をとることから始める。あたかも「恋に敏感な者」があらゆるタイプの美少年たちに対して(古代ギリシア世界では「少年愛」により豊かな恋が見いだされた)、「あらゆる口実をもうけ、どんなことでも言って、若さの花盛りにある者を一人でも見捨てないようにする」(474D-475A)のと同じような、激しい知への欲求こそがすべての出発点であるとされる。「では哲学者(愛知者)もまた、知恵を欲求する者として、ある種の知恵は欲求するがある種の知恵は欲求しないと言うのではなく、どんな知恵でもすべて欲求する人である」(475B)。これはきわめて自然な導入の仕方であろう。「哲学(philosophia)」とは、その言葉に込められた本来の意味からも、「知(sophia)を愛する(sophein)」心の動きを最も純粋に、最も適切に伸長させるところに成り立つものだからである。

ただし、そうした欲求のすべてがそのまま哲学だというわけではない。たしかに祭礼や演劇の上演

コラム

船乗りの比喩（第六巻 487E-489D）

「必要以上に長いあいだ哲学に時を過した人たちは、その大多数が、よしまったくの碌でなしとまでは言わぬとしても、正常な人間からほど遠い者になってしまう。最も優秀だと思われていた人たちでさえも、あなたが賞揚するこの仕事のおかげで、国家社会に役立たない人間となってしまうことだけはたしかなのだ」(487D)という世評を、ソクラテスはただちに容認するが、しかしもしそうだとすれば、どうして哲学者たちが国家を支配するときが来るまでは、国家は禍いから解放されることがないだろう、と言えるのか。そのグラウコンの疑問に対して、ソクラテスは「ひとつの比喩（エイコーン）」を提示して答える。

――彼は国家を一隻の船になぞらえる。これはギリシアでもしばしば見られる比喩である。船には船主と多数の水夫たちが乗り組んでいて、水夫たちそれぞれがわれこそ船の舵を取るべきだと相互に争い、また自分に任せるよう船主に頼み込んでいる。身体の大きさや力では誰にもまさっているが「少しばかり耳が遠く、目も同様に少しばかり近い」船主とは、アリストテレス以来「デーモス（民衆）」のことと解されているが、ここではむしろ「民衆」が支配している国制（民主制）を指すのではないだろうか（『ソクラテスの弁明』で、彼がアテナイ国家を身体の大きい鈍重な馬に喩えていることが想起されよう）。また比喩は他の国制にも拡張可能とも思われるが、直接にはアテナイ民主制の政治状況がなぞらえられていることは明らかで、おもしろさもそのたくみな縮図化にある。「多数の水夫たち」とは、主導権争いに明け暮れている現実政治家たち、特に民衆指導政治家（デーマゴーゴス）たちで、彼らは船主をたぶらかして船の舵取りを任せてもらおうとやっきになっている。船にはソフィストあるいは弁論術教師も紛れ込んでいるようだ。「船主を説得するなり強制するなりして、支配権をにぎるのを助けてくれることにかけて腕の立つ者」(488D)というのは彼らのことであろう。水夫たちは彼らを「船に関する知識をもった男」だと思い込んでいる。彼らにとって、政治術とは、ただ支配権をにぎるための手腕に長け、経験やコツによってその駆け引きにたくみになることにすぎない。

しかし、「ほんとうの舵取り人というものは、いやしくも真の意味でひとつの船を支配するだけの資格を身につけようとするならば、年や季節のこと、空や星々や風のこと、その他この技術に本来的な関わりのあるすべてのことを注意ぶかく研究しなければならない」(488D)のだが、ここに示唆されているような真の操舵術、すなわち真の政治術の存在を、水夫たちはまったく思ってもみないでいる。そのために、「ほんものの舵取りは、そういう状態の船に乗り組んでいる水夫たちから、まさしく「星を見つめる男」とか「要らぬ議論にうつつを抜かす男」とか呼ばれ、そして自分たちのために役に立たぬ男だと呼ばれる」(488E-489A)ことになる。

こうした「哲人王」思想の裏返し状況が、哲学者を無用な存在に追いやっている、とソクラテスは言うのである。ただし、「役に立たないことの責《せめ》は、役に立てようとしない者たちにこそ問うべきであって、すぐれた人々自身に問うべきではないのだ」(489B)。みずから望んで支配者の地位に就こうとするのは「本来あるまじきこと」である。

のみならず、やや後の個所で言われているように(496C-497A)、真に哲学者たるものが国政に参与しようとしない原因は明らかに現実の側にある。「多数者の狂気」の渦巻く現実に身を投ずれば、「国や友のために何か役立つことをするよりも前に身を滅ぼすことになり、かくて自己自身に対しても他人に対しても、無益な人間として終るほかはないだろう」となれば、なおさらのことである。彼はすべてを考慮したうえで「静かに自分の仕事だけをして行くという途を選ぶ」だろうが、しかし、本来の希望が「自分の素質にぴったりと適合した」国家に住まうことにあるのは、むろんのことである。理想国には、「あたかも嵐のさなか、砂塵や強雨が風に吹きつけられてくるのを壁のかげに避けて立つ人」の真摯な夢が託されているのである。

を見物して歩く者たちもある種の学びの欲求に駆られているのだが、彼らはただ「哲学者に似ている者である」にすぎないとされる。この対比において、単に観劇などのことが言われているのではない。むしろ、事柄の表層のみにしか目を向けないわれわれの知的態度一般が、そうしたレベルでのものとして括り込まれているのである（「観劇」ということには、むろん第二巻、第三巻に語られていた「音楽・文藝」に対する批判が響き合っていよう）。ソクラテスによれば、哲学者とは、いかなる事柄についてであれ「真実を観ることを愛する人たち」でなければならない（475D-E）。この規定はいささか性急にも思われようが、しかし「知を愛し求める」ためには、「真実」というほんとうの知のありかを探り当てなければならないのも明白な要件にほかなるまい。

　われわれはここで、さらにソクラテスの新たな議論に試されることになる。一般の「見物好き」の連中、そして彼らになぞらえられるような仕方でものごとを見ている人たちが「真実」に関わっていないとは、どういうことなのか。そのことを明らかにするために、ソクラテスが指摘するのは、彼らは、たとえば「美しいもの」に目を向けているだけだが、その視野の外に置かれている「〈美〉そのもの」の存在であり、それは「美しいもの」とはまったく別個の対象領域であるということである。いや、「美」についてだけでなく、

「〈正〉と〈不正〉、〈善〉と〈悪〉、およびすべての実相（エイドス）についても、同じことが言える。すなわち、それぞれは、それ自体としては一つのものであるけれども、いろいろの行為と結びつき、

物体と結びつき、相互に結びつき合って、いたるところにその姿を現わすために、それぞれが多（多くのもの）として現われるのだ」　（476A）

そして、この「一なるもの」と「多なるもの」との区別が、「見物好き」と「哲学者」とを峻別する要点となる。一方の人たちは、美しい声、美しい色、美しい形などには心寄せるが、「〈美〉そのものの本性を見きわめてこれに愛着を寄せるということ」はない。とすれば、彼らは「何かに似ているものを、そのままに似像であると考えずに、それが似ているところの当の実物であると思い違いする」状態、すなわち「夢を見ている状態」にあるのではないか。それに対して哲学者たるべき人は、

「いま言った人たちとは反対に、〈美〉そのものが確在することを信じ、それ自体と、それを分けもっているものとを、ともに観てとる能力をもっていて、分けもっているもののほうを、元のもの自体であると考えたり、逆に元のもの自体を、それを分けもっているものであると考えたりしないような人、このような人のほうは、目を覚まして生きていると思うかね、夢を見ながら生きていると思うかね？」　（476C-D）

むろん、こうした人だけが「はっきりと目を覚ましている」のであり、

「そのような人は、ほんとうに知っている人であるから、われわれはその精神のあり方を〈知識〉であると言うのが正しいのではないか。これに対して他方の人は、思わくしているにすぎないのだから、その精神のあり方を〈思わく〉と呼ぶのが正しいのではないか」(476D)

こうして議論は、「イデア論」図式の中に投じられる(ちなみに、プラトンはそれを語る場合に「イデア」という語を用いることはむしろまれで、この個所においてもそうだが、明らかに意図的に「〜そのもの」「〜それ自体」「実相(エイドス)」などの多様な仕方で言及している)。言うまでもなく、「哲人王」の思想と「イデア論」哲学とは表裏一体のものである。「知識」の対象となるべき完全に〈あるもの〉と、「思わく(ドクサ)」にとどまっている人たちが対象としている「あるとも、あらぬとも、そのどちらであるとも、どちらでもないとも、しっかりと固定的に考えることはできない」もの、したがって「純粋に〈あるもの〉と純粋に〈あらぬもの〉との中間のあたりをさまよっているもの」(479C-D)という対比を引き出すことで、哲学知の位相を明るみに出したうえで、ソクラテスはそれを国家指導者の要件に重ねる。

「哲学者とは、つねに恒常不変のあり方を保つものに触れることのできる人々のことであり、他方、そうすることができずに、さまざまに変転する雑多な事物のなかにさまよう人々は哲学者ではない、ということであれば、いったいどちらの種類の人々が、国の指導者とならなければならぬだろうか？」

「どのように言えば」と彼〔グラウコン〕はたずねた、「その問題を適切な仕方で論じることができるでしょうか？」

「両者のうちどちらか」とぼくは言った、「国の法律や、きまった営みを守護する能力があるとわかった人々のほうをこそ、守護者に任ずべきである、というふうに問題を設定すればよい」

(484B-C)

理想的な政治指導者とは、イデア論的な知識を体得し、それにもとづいて現実の諸課題に最も適切に対処しうる能力を具えた者のことである。いかにまれなことであるとはいえ、そうした条件にかなった人物が支配の座に就くことがけっしてないとは言えないだろう。繰り返しソクラテスはすべてをそこに託す。すなわち、「哲人王」が容易に実現しがたいのは、まずは哲学的英知に至る道程のむずかしさにかかっている、ということだ。とすれば、実際にはその「実現可能性」の問題はいまだ指針を得ただけにすぎない。それは「われわれの国制の守り手となるべき者たちは、どのようなやり方で得られ、何を学び何を業とすることによって育成されるか、また、それぞれ何歳ぐらいのときに、それぞれの学問にたずさわったらよいか」というかたちに移行させられるだけで、問題は「はじめからやり直すつもりになって」新たな取り組みが始まるのである(502D-E)。いや、今やソクラテスは哲人王の登場を単に無限の時間の中での偶然に託すだけでなく、いかに困難であろうともその実現の道筋をみずからつけることに着手している、と言うべきであろう。このあとに彼らに求められる資質の吟味、そして「哲学教育」のプログラムの作成という長大な議論が、著作のほぼ二巻分(第六巻、第七巻)を費やして展開されることになる。理想国家の建設と哲学という新たな学の構築とは、一つの事業にほかならない。

すぐれた自然的素質ほど哲学を逸れて行きやすい

その過程はきわめて困難で長期にわたる。さきにソクラテスが語っていたように、若者たちの中でとりわけ自然的資質に恵まれた人たちのみが、すでに見た初等教育の過程で選抜されるのだが、最初の難関は周囲の社会環境にあり、その法や習慣の強制力に絡め取られ、その中に埋没しないようにすることは容易でない。また、有能な者たちほど教育や環境次第では、かえって凡庸な者たちよりも「大それた悪事や完全な極悪非道」に走る者ともなりうるし(491E)、また「多数者の通念」という「巨大で力の強い動物」をうまく操る術に手腕を発揮する(それが現実の「有能政治家」にほかならない)ことを「知恵」と考えるようになり、哲学の道を逸れて行きやすいものだ(493A-C)。すぐれた自然的素質は、「富やそれに類するすべての外的条件」(495A)とともに大いなる障害ともなりかねないのである。そして、逆に、むしろ素質や品性の劣った者たちが「その柄でもないのに、哲学に近づいて〈中略〉それこそまさに〈にせ知識〉(詭弁)と呼ばれてしかるべきもの、正嫡でもなく、真の知恵に与《あずか》りもしないものを、生み出す」ことが横行し、それこそが哲学(ここでは、「ピロソピアー」という名の孤独な未婚女性になぞらえられている）に対する不当な風評を醸成する大きな理由となっているのである（495C-496A）。

こうして、すぐれた素質に恵まれるとともに世間的堕落を免れたわずかな若者たちが本格的な哲学教育に進む。まず最初に、この教育過程において「学ぶべき最大のもの」として〈善〉の実相（イデア）が設定され（506A）、それこそがすべての存在と認識を根拠づける究極の原理であることが「三つの比喩」と言われるものを通じて語られる。このパラグラフ（第六巻506B―第七巻521B）は、古代後期の新プラトン派によって最重要視されて以来、プラトンの哲学的叙述の頂点をなすものとも位置づけられている。【コラム「三つの比喩」参照】

そして究極目標の設定につづいて、教育ということをめぐって通念を打破するもう一つの重要な点が確認される。ソクラテスによれば、本来の教育とは、当時のソフィストたちが「教師」を自任しながら「魂のなかに知識がないから、自分たちが知識をなかに入れてやるのだ」と考えているようなものではなく、

「ひとりひとりの人間がもっているそのような（真理を知るための）機能と各人がそれによって学び知るところの器官とは、はじめから魂のなかに内在しているのであって、ただそれを――あたかも目を暗闇から光明へ転向させるには、身体の全体といっしょに転向させるのでなければ不可能であったように――魂の全体といっしょに生成流転する世界から一転させて、実在および実在のうち最も

コラム

三つの比喩（第六巻 506B ―第七巻 521B）

プラトンがイデアそのものについて主題的に論ずることはあまりなく、むしろ議論の流れの中で具体的な論点と絡ませながら、そのつど必要に応じてそれに言及するのが一般的である。その中にあって『国家』の中心部分（第五巻末―第七巻）には最も集中的な議論が展開されていて、特に「最大の学ぶべきもの」（第六巻 505A）とされる〈善のイデア〉までを視野に入れて存在と認識についての全体的見取り図が提示されている個所（第六巻 506B ― 第七巻 521B）は、古来プラトンの哲学的叙述の頂点をなす個所として位置づけられてきた。ただし、それはきわめて困難な課題だとして、ソクラテスは直接に〈善のイデア〉を語ることはしない。「なぜなら、それをとにかくぼくが何であると思うかということだけでも、そこまでいま到達するのは、現在の調子ではぼくの力に余ることのように思えるからだ」（506E）として、事柄を相互に関連した三つの比喩（「太陽」「線分」「洞窟」）に託す。

太陽の比喩（506B-509B）

ソクラテスはまず「〈善〉の子供にあたると思われるもので、〈善〉に最もよく似ているように見えるもの」として、太陽がわれわれの世界で果たしている役割をモデルとして対比させ、それを手がかりにして〈善〉のイデアのありようを推測理解させようとする。イデア認識は視覚モデルに置き換えられる。

われわれがものを見るためには「光」の介在を必要とするが、その本源は太陽にほかならない。「ぼくが〈善〉の子供と言っていたのは、この太陽のことなのだと理解してくれたまえ。〈善〉はこれを、自分と類比的なものとして生み出したのだ。すなわち、思惟によって知られる世界において、〈善〉が〈知るもの〉と〈知られるもの〉に対してもつ関係は、見られる世界において、太陽が〈見るもの〉と〈見られるもの〉に対してもつ関係とちょうど同じなのだ」（508C）。

どうやら〈善〉のイデアとは、単に通例の意味でもものごとを善きものたらしめる根拠というにとどまらない、より根源的な力を持った実在であるのだ。太陽が目に視力を与えるとともに事物を明るく照らすことで、われわれがものを見ることができるように、「認識される対象には真理性を提供し、認識する主体には認識機能を提供するものこそが、〈善〉の実相(イデア)にほかならない」(508E)のである。いや、それが認識の根拠たるにとどまるものではないのは、まさに太陽が「見られる事物に対して、ただその見られるというはたらきを与えるだけではなく、さらに、それらを生成させ、成長させ、養い育くむものでもある」のと同様に、「認識の対象となるもろもろのものにとっても、ただその認識されるということが、〈善〉によって確保されるだけでなく、さらにあるということ・その実在性もまた、〈善〉によってこそ、それらのものにそなわるようになるのだと言わなければならない」(509B)。しかもそれは、ちょうど太陽がはるかな高みにあるように、「認識の対象となるもの」すなわちさまざまなイデア的存在の「さらにかなたに超越してある」のだという。いわば、それらの存在根拠をなすべき根本原理でもある

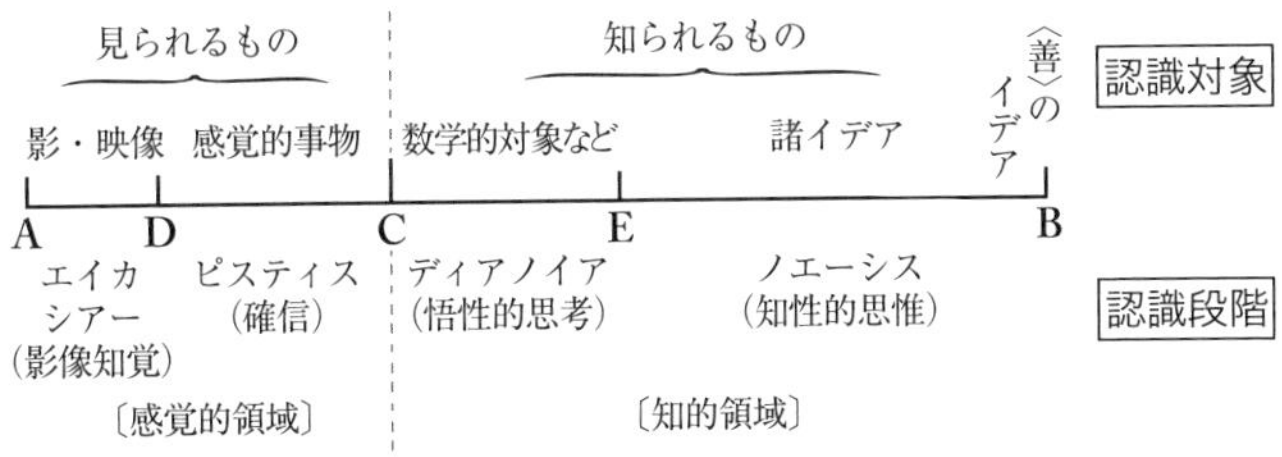

ことを、太陽の比喩は伝えている。

線分の比喩(509C-511E)

「見ること」と「知ること」を類比的に平行移動させながら〈善〉のイデアの位置を示唆したのにつづいて、ソクラテスはなお「見る」という事態にモデルをとりながら、それからの類推で知的認識のあり方と、さらにイデア認識のあり方を明らかにしようと努める。一本の線分の上に取られた比例関係による図式化は、一連の三つの比喩の中でもとりわけ洗練されたものとなっている。

「ではそれらを、一つの線分〔AB〕が等しからざ

る部分〔AC、CB〕に二分されたかたちで思い描いてもらって、さらにもう一度、それぞれの切断部分を――すなわち、見られる種族を表わす部分〔AC〕と思惟によって知られる種族を表わす部分〔CB〕とを――同じ比例に従って切断してくれたまえ」(509D)。すると図のように四分割された線分ABの全体の中に同一比率で分けられた三通りの線分の組み合わせが成立する。それが示しているのは、全体線分ABが感覚界(AC)と知性界(CB)に区分されたその同じ比率によって、感覚界(AC)と知性界(CB)がそれぞれ下位区分されている(線分ACはAD対DCに、線分CBはCE対EBに)ということである。それぞれの線分の長さは認識の「明確さと不明確さの度合いに応じて」いるとともに、「等しからざる」分割はいずれも「似像」と「その当のもの(原物)」の関係を表しているものとされる。

イデア認識への途は、まさにその関係を遡行していくことにほかならない。すなわち、われわれがものを「見る」場合の、何かの影や水面に映った像に目を向けている状態と実際の事物を見ている状態との対比によって、「見ること」と「知ること」の相違、すなわち感覚的世界における知覚や思わく(ドクサ)と知性的世界における認識との峻別を類推させるとともに、この比喩におけるより重要な局面として、「知ること」(CB)の内にさらなる似像・原物関係に対応した二段階の区分(CE対EB)を類推理解することが求められるのである。

「説明しよう。――それの一方の部分〔CE〕は、魂(精神)がそれを探求するにあたって、先の場合には原物であったものをこの場合には似像として用いながら、仮設(前提)から出発して、始原へさかのぼるのではなく結末へと進んで行くことを余儀なくされる。これに対して、もう一方のもの〔EB〕の探求にあたっては、魂(精神)は仮設から出発して、もはや仮設ではない始原へおもむき、また前者〔CE〕で用いられた似像を用いることなしに、直接〈実相〉そのものを用い〈実相〉そのものを通じて、探求の行程を進めて行くのだ」(510B)。ソクラテスの「説明」がいまだ暗示的なものにとどめられているのはおそらく意図的で、のちに「ディアレクティケー」がやや具体的に語られる機会(第七巻531C以下)に理解の進展を期しているのであろう。ここではなお比喩からの推測にとどまるしかないのは、むしろ当然である。

前者の、より低次の知的認識に相当するのは数学などの一般的学術の場合で、たとえば幾何学のように、図形その他の「目に見えるもの」を補助手段として用いながら考察するとともに、所与の公理体系の内部において整合的な推論をたどることに思考はとどまる。それに対して、より高次の段階(ＥＢ)では、数学を範とする厳密さを保持しつつ「理(ロゴス)がそれ自身で、問答(対話)の力によって把握するところのものであって、この場合、理はさまざまの仮設(ヒュポテシス)を絶対的始原とすることなく、〔中略〕もはや仮設ではないものにまで至り、万有の始原に到達することになる。そしていったんその始原を把握したうえで、こんどは逆に、始原に連絡し続くものをつぎつぎと触れたどりながら、最後の結末に至るまで下降して行くのであるが、その際、およそ感覚されるものを補助的に用いることはいっさいなく、ただ〈実相〉そのものだけを用いて、〈実相〉を通って〈実相〉へと動き、そして最後に〈実相〉において終るのだ」(511B-C)。

このようにして四つに区分された線分の各部分に、われわれの知的状態の四段階が位置づけられる。「いちばん上の部分〔ＥＢ〕には〈知性的思惟〉(直接知)を、二番目の部分〔ＣＥ〕には〈悟性的思考〉(間接知)を、三番目の部分〔ＤＣ〕には〈確信〉(直接的知覚)を、最後の部分〔ＡＤ〕には〈影像知覚〉(間接的知覚)を、それぞれ割り当ててくれたまえ。そしてこれらを、一定の比に従って順番にならべてくれたまえ――これらの精神状態は、それぞれの対象が真実性にあずかっているのに対応して、ちょうどそれと同じ度合で明確性にあずかっているものと考えてね」(511D-E)。

洞窟の比喩(514A-521B)　ソクラテスの説明はそのまま第三の比喩に連続して、今度はわれわれが以上のような知的上昇の過程をいかに歩むべきかが語られる。ここでは、それが暗い洞窟の中から明るい陽光の下へと進み出て行く過程として模式化され、

「線分」における四つの認識段階が手の込んだイメージとしてその中に織り込まれている。

——洞窟の内部は感覚と思わくの領域であり、われわれ人間はその奥底に壁に対面して縛り付けられ、後ろを振り向くこともできない状況に置かれている。洞窟の中ほどのところに燃える火がしつらえられ、その前を人間などの模造物が操り人形のように持ち運ばれるにつれて、奥底の壁面にその影絵が映し出されている。「われわれ自身によく似た囚人たち」(515A)は、影絵のほかには何も見ることができないために、それらが真実のものだと思い込んで暮らしている。ソクラテスが示唆しているのは、日常のわれわれがいかに多くの事柄について、評判や名声などの通念的な先入見と思い込み(事実の影)に囚われてものを見たり、判断を下したりしているか、ということにある。

しかしあるとき縛《いまし》めを解かれ、後ろを振り向いて火やからくり装置のほうに歩いて行って無理矢理それらを見つめさせられたならば、目がくらんでよく見分けられず、元の壁面の影のほうをずっと真実性があると思うに違いあるまい。そしてさらに洞窟の険しい坂を強制的に上らされ、ついには太陽の光の中へ引き出されるとしたら、彼はまぶしさのためにいっそう何も見ることができないであろう。それでも次第に慣れるにつれて、最初は事物の「影」や水に映った「映像」を、ついでそれらの実物を見ることができるようになり、やがて天空を見上げ、ついには太陽それ自体をも直視することができるようになるに違いない。そして、その太陽こそが地下の世界を含めて目に見える世界におけるいっさいを管轄するもの、その原因となっているものであることを知るだろう。

以上のように、二重の「影」と「実物」、それらを照らす「火」と「太陽」が配されたこの比喩は、まさに先に語られた二つの比喩と密接に対応した仕方で、われわれの知的努力が目指すべきものをより鮮明に指し示していよう。「いま話したこの比喩を全体として、先に話した事柄に結びつけてもらわなければならない。つまり、視覚を通して現われる領域というのは、囚人の住いに比すべきものであり、その住いのなかにある火の光は、太陽の機能に比すべきものであると考えてもらうのだ。そして、上へ登って行って上方の事物を観ることは、魂が〈思惟によって知られる世界〉へと上昇して行くことであると考えてくれれば、ぼくが言いたいと思っていたことだけは〔中略〕とらえそこなうことはないだろう」(517B)。

そして、さらに比喩は〈善〉のイデアを観得した者たちの「洞窟への帰還」という、もう一つのモチーフにも及んでいる。そこに語られているのは、ちょうど洞窟の外に出ることのできた囚人たちのように、ごく少数の真正の哲学者たちがこの世界で置かれている状況のアレゴリーにほかならない。――彼らは真実を知るや、地下の洞窟での生を悲惨なものと思い、「影絵」の動きを観察・推測することに長けた者たちに与えられる名誉や名声をいささかも尊重することもなくなるだろう。ただし、外の明るみに慣らされた哲学者の視力は、洞窟内に戻ったとき、暗闇にすぐには順応できず、その間はだれよりも愚かで滑稽に思われることにもなる。彼らが世に蔑ろにされるのは、まさにそのような「光から闇へ移されたときに起る混乱」(518A)によるのだが、むしろ彼らは上方へ行ったがために目を痛めてきたと誤解され、ましてや地下の囚人たちを外に連れ出そうとしたりすれば、ちょうどソクラテスがそうであったように捕らえられ殺されてしまうことにもなりかねないのである。

*

以上のような三つの比喩にはプラトン哲学の最重要局面が集約的に語られていることは確かであり、しかもそれが、われわれの自由な「解釈」の余地を残した「比喩」という柔軟な語り方がされているために、とりわけ多くの議論が重ねられている。むしろ、比喩の解読がただちにプラトン哲学全体の解明につながるものではないだろうが、ここに言われていることをたえず背景に置いてプラトン理解に努めるとともに、そのつど見えてきたものをこれらの比喩との連関の内に位置づける意識を持ちつづけることは、それに資するところすくなくないであろう。

光り輝くものを観ることに堪えうるようになるまで、導いて行かなければならないのだ。そして、その最も光り輝くものというのは、われわれの主張では、〈善〉にほかならぬ。そうではないかね？」(518C-D)

すなわち、

「教育とは、まさにその器官を転向させることがどうすればいちばんやさしく、いちばん効果的に達成されるかを考える、向け変えの技術にほかならないということになるだろう。それは、その器官のなかに視力を外から植えつける技術ではなくて、視力ははじめからもっているけれども、ただその向きが正しくなくて、見なければならぬ方向を見ていないから、その点を直すように工夫する技術なのだ」(518D)

裏返して言えば、「知力」はその向き方のいかんによって「有用・有益なものともなるし、逆に無益・有害なものともなる」のであり、さきに見たように、すぐれた自然的素質を具えた者ほどより大きな悪事をはたらくことにもなりうるが、しかし同時に、「真実在のほうへと向きを変えさせられるとしたならば、同じ人間のこの同じ器官は、〔中略〕かの真実在をも最も鋭敏に見てとることであろう」(519A-B)。

哲学教育は数学的諸学科に始まる

さて、こうした理念のもとに開始される本格的哲学教育において、最初に課されるのは周到に編成された数学的諸学科である(521C 以下)。これも、とりわけ国政指導者養成を念頭においた教育プログラムとしては、一見いかにも意表をついたものに思われよう。事実、当時の政治家教育は、たとえばイソクラテスの学園のように、ソフィスト的な伝統を汲む弁論術の研究と訓練(その中には幅広い人文学分野にわたる素養の涵養も含まれていた)が主要な内容をなしていた。それに対して数学教育を掲げたことは、図らずも彼らに対する明確な批判意識の表明ともなっているが、むろんソクラテス(プラトン)にとって、この方針は新たな哲学と教育理念から必然的に要請されたものであった。数学重視は、実際にプラトンのアカデメイアの基本性格でもあった。この『国家』での議論には、おそらくそれが理想化されたかたちで反映されているものと思われ、教育は整然と体系化されたプログラムに沿って進められる。

第一課程　数と計算(521C-526C)
第二課程　平面幾何学(526C-527C)
第三課程　立体幾何学(528A-D)
第四課程　数理天文学あるいは球面運動幾何学(527D-528A および 528A-530C)
第五課程　音楽理論あるいは数理音階論(530C-531C)

この五段階は、学科全体の基礎となる数あるいは数量の計算に始まり、二次元的平面幾何学、三次元的立体幾何学(この分野は当時なお発展中途の段階にあったが、この位置に配列されるべき学とされる)、ついでそれに運動が加味された立体の円運動の世界を考究する数理天文学へと進み、最後に、音階の各音程を耳で調律するのではなく、数学的に割り出すための研究が来る(この分野はのちの時代にはきわめて高度な比例論に発展していく)という順序立った仕方で、次第に高度な領域へと進むよう配列されている。数学は、プラトンの時代までに確立されていたほとんど唯一の「科学」であったが、それをこのようなかたちに整備し、さらに長足の進歩を促したのは、彼の学園アカデメイアにほかならなかった。また実際に上のカリキュラムに対応するかのように、たとえば太陽、月、惑星の見かけ上の不規則な運動を、規則的な円運動の組み合わせによって数学的に表すという問題がプラトンによって課され、多くの学員たちが解答を競ったことが伝えられている。

理想国での教育に数学を取り入れることについて、最初ソクラテスは軍事教育としての実用性を示唆するが、それは誘い水にすぎない。なるほど、計算術や幾何学は軍隊の編成や集合・展開あるいは陣営の構築などに不可欠の基礎知識であるし(522C-E, 526D)、また天文学によって季節変化を正確に感知することも軍事の統率には重要であろう(527D)。しかし、数学的訓練の本旨はそこにはない。肝心なことは、数学が知性的活動を呼び覚まし、われわれの魂を地上の生成的世界からイデア的実在の世界に向け変えさせるよう促すところにあるのである。たとえば一個のものを見ても、それは同時に無数の部分から成るものとしても見られるために、〈一〉とは何であるかを感覚によっては把握することができず、それを知るために「魂は困惑に追いこまれて、自己の内で知性の活動を呼び起しながら探求のやむなきに至る」(524E)、すなわち数そのものが本来すでに知性によってしか把握できないはずのものである。視覚化された線や図形を通じて真の直線や正確な三角形を思い浮かべ、それに即して考察を進める幾何学、目に見える天体の動きや耳に聞こえる音程を厳密に数学的に割り出す作業では、さらに明確に感覚的なものと知性的なものとの対比が浮き彫りにされ、その考究は魂を真の実在へと向け変えるとはいかなることかについて、きわめて効果的な導きとなるであろう。――ソクラテスは、数学教育のプログラムを進めつつ、繰り返しそのことを語っている。

哲学教育の「本曲」――哲学的問答法(ディアレクティケー)

ただし、実はそれらはいまだ哲学教育の「前奏曲にしかすぎない」のであり、「学ばねばならない本曲」は、この困難な課程を終了したのちに、ようやく始まる。「いまやようやく、ここに本曲そのものが登場することになるのだ。この本曲を奏するのは、哲学的な対話・問答にほかならない」(531D-532A)。これこそが、さきに「三つの比喩」によって視覚モデルで語られた、イデア認識に到達するための最終行程であり、

「ひとが哲学的な対話・問答によって、いかなる感覚にも頼ることなく、ただ言論(理)を用いて、まさにそれぞれであるところのものへと前進しようとつとめ、最後にまさに〈善〉であるところのも

のそれ自体を、知性的思惟のはたらきだけによって直接把握するまで退転することがないならば、そのときひとは、思惟される世界(可知界)の究極に至ることになる。それは、先の場合にわれわれの比喩で語られた人が、目に見える世界(可視界)の究極に至るのと対応するわけだ」(532A-B)

ここで正式に「哲学的問答法(ディアレクティケー)」と名づけられたものの「性格」や「機能」などについて、対話相手のグラウコンはさらに説明を求めるが、これ以上のことを語るのは困難だとして、ソクラテスはわずかに次のような点を遠回しに確認するにとどめている。すなわち、さきに論じたような数学モデルの方法では、「自分が用いるさまざまの仮設を絶対に動かせないものとして放置し、それらをさらに説明して根拠づけるということができない」という限界があり、「そもそもの出発点として、自分がほんとうには知らないものを立てておいて、結論とそこに至る中間は、その知らないものを起点として織り合わされている」かぎり、最終的な真実(真実在)に達するためには不十分であるとしなければならない、とされる。その認識段階はなお「実在について夢みてはいるけれども、醒めた目で実在を見ることは不可能なのだ」(533C)。それに対して、

「哲学的問答法の探求の行程だけが、そうした仮設をつぎつぎと破棄しながら、始原(第一原理)そのものに至り、それによって自分を完全に確実なものとする、という行き方をするのだ。そして、文字どおり異邦の泥土のなかに埋もれている魂の目を、おだやかに引き起して、上へと導いて行く

のだ――われわれが述べたもろもろの学術を、この転向(向け変え)の仕事における補助者としてまた協力者として用いながらね」(533C-D)

ここでソクラテスが改めて言及しているように、この探求の行程はきわめて困難であるとともに、「現在この問答の技術による哲学的議論には、どれほど大きな害悪がまつわりついているか」ということに十分に注意をはらわなければならない(537E以下)。その技術の濫用はしばしば反論のための反論や無益な論駁に陥って自他を誤らせたり、法や道徳規範を間違った仕方で否認することになりかねない。さきに見たように、哲学に対する世人の最大の誤解と非難は、何よりもそのことに起因していたのである。きびしい予備学習の課程を経てきた者たちは、言論の行使においても、その背後の「見えざるもの」を捉えつつ厳密に事柄を考察することにすぐれた力を発揮するだろうが、むしろそれだけになお「言論の習得に着手させるにあたっては、あらゆる用心と警戒が必要である」(539A)。言論による探求の行程は、数学研究の場合とは異なり、最も直接的に現実世界と切り結ぶ場でもあるのだ。その誤った行使のもたらす危険のみならず、考察の当否がただちに現実の幸不幸を大きく揺るがすことになるだろう。ソクラテスが哲学を志す人たちを容易にこの過程に携わらせようとしなかったのも、そのように表裏する二面性をよく心得ていたからである。

このような危険と困難をはらんだ探求の行程が〈善〉そのものの認識に及んだとき、ようやくそれは終わるのだが、その道程はさらに長く、最終段階に入るのは、ようやく五〇歳に達してから、しかも

ごく少数の人たちのみに期待されているのである。【コラム「哲学者の教育過程」参照】

国政を担当する者の条件として、現実世界（思わくの領域）にあえて背を向けて、一般には無用の学と見なされていた哲学的探求にこれほど深く専念することを求めなければならなかったとすれば、ソクラテスがこれを論ずることにあれほど躊躇したのも、当然のことであっただろう。つづく対話において確かめられているように（534E以下）、子供のときからの予備教育の過程で、最もすぐれた適性を示した若者たちを二〇歳になった段階で選抜し、「四肢も精神も健全な者たちを、かくも重要な学習とかくもきびしい訓練につかせて教育する」（536B）期間は長大で、途中に軍事的統率などの任務に就いて実際経験を積む時期を含めれば、そこまででおよそ三〇年を要する。そして彼らが五〇歳になったときに、「ここまで身を全うし抜いて、実地の仕事においても知識においても、すべてにわたってあらゆる点で最も優秀であった者たち」をようやく「最後の目標」へと向かわせるのである。

「それはつまり、これらの人々をして、魂の眼光を上方に向けさせて、すべてのものに光を与えているかのものを、直接しっかりと注視させるということだ。そして彼らがそのようにして〈善〉そのものを見てとったならば、その〈善〉を範型（模範）として用いながら、各人が順番に国家と個々人と自分自身とを秩序づける仕事のうちに、残りの生涯を過すように強制しなければならない」

（540A-B）

こうして「哲人王」が誕生し、理想国家実現の可能性が開かれる。むろん彼らは第一義的には「哲学者」であり、国政を担当するのは「やむをえない強制的な仕事とみなしながら」(540B)のことなのである。真の支配者となるために努力してきた者がその地位に就くことを嫌がるというのも奇妙な逆説だが、それもまた実は議論の当初においてソクラテスが指摘していたことであり(第一巻347B-D)、その事実がこのようにして確かめられる結果となっていることに気づかされよう。

イデア認識と哲人王の一体性

重ねて注意しておきたいのは、「イデア論」哲学と「哲人王」との結びつきは、しばしば誤解されていることだが、けっして絶対的知識と不動の判断基準によって現実を裁断し、独裁的な支配を断行しようとするものではないということである。すでに国家建設の初期段階において見たように(第四章)、そこでは基本的に規制と強制は最小限に行使されるにとどまり、万事が自由な教育と説得によって運営されるものとされていた。哲人王もまたそのようにして国を運営するであろう。他方、国家の支配者・守護者たらんとする人たちに対しては、彼らに具わる強大な力を制約し、それを国家のためにのみ用いるために、むしろ途方もないような条件が課されていたが、彼らがその任務と地位にとどまるか否かについては、何らの強制もない。ただ栄誉のゆえに率先して従う者のみがその役割を担うのである。さらに、きびしい哲学教育の最終段階を究めた者たちが真の支配者として国政を担当するのは、いま見たように、強制的な義務を果たすためでしかなかった。

そして、イデア論的英知とは、実際には、いかなる現実的事象についても画一的な規範を固定化せず、その無限の多様性と相対性をそのまま取り押さえつづける柔軟な対処と一つのものである。まさにそのためにこそ、あらゆる既成の規範や判断基準を越えたところに目を向けつづけることが要請されているのである。さきに規定されたように、現実世界は「思わく」の対象として「あるとも、あらぬとも、そのどちらであるとも、どちらでもないとも、しっかりと固定的に考えることはできない」ものであったが、その不定性・変動性は、確固とした「あるもの」についての認識を基準にしてどこまでも周到に見きわめて行くによって、はじめて取り押さえが可能となるであろう。

コラム

哲学者の教育過程（第七巻 535A-541A）

理想的な国家の支配者たるべき哲学者の「養成」の道は、これまでにも語られてきたように、長くきびしい。ここでソクラテスは改めてその過程を取り纏め、生涯にわたるタイム・テーブルを提示している。哲学者教育はすでに幼児期から始まる。子供たちの中から、生まれつきのすぐれた素質を見きわめながら、まず初等教育としての音楽・文藝と体育とによって、彼らの心身の調和の涵養に努めるとともに、早くも哲学者教育のためのプログラムが準備される。「ソロンは老年になっても多くのことを学ぶことができると言ったけれども、それを信じてはいけないのであって、学ぶことは走るのよりも、もっとだめだろうからね。むしろ大きな苦労、たくさんの苦労はすべて、若者たちにこそふさわしいのだ」。

少年期（一七、八歳まで）　音楽・文藝および体育と並行して、①哲学的予備教育として数学的諸学科の自由で自発的な学習(536D-537A)。これらは「けっして無理強いを加えることなく、むしろ自由に遊ばせるかたちをとらなければならない」。②戦場に連れ出して、安全を確保しつつ「見物」させる(537A)。そして「血の味を経験させなければならない」。

一七、八歳から二〇歳まで　高度な体育への専念(537B)。詳しくは語られていないが、きびしい軍事教練的なものであろう。その課程ののちに、幼少年期からの「苦労や学習や恐怖のなかで、いつも最もすぐれた適性を示す者」の選抜が行われる。

二〇歳から三〇歳まで　選抜者に対して、①高度で体系的な数学研究が課される(537B-C)。「少年時代の教育においてばらばらに雑然と学習したものを総合して、もろもろの学問がもっている相互の間の、また実在の本性との、内部的な結びつきを全体的な立場から総観するところまで行かなければならない」。数学教育の真の狙いは「実在(イデア)」への魂の目の向け変えにある。②この間、軍務その他の任務に就く(537D)。

三〇歳から三五歳まで　さらなる選抜者に対して、哲学的問答法(ディアレクティケー)の修練を課す(537D-539D)。言論の修練に伴う弊害に最大限の注意を払いつつ、「持続的かつ集中的にそれに専念」し、その間は他の任務などはいっさい行わない。

三五歳から五〇歳まで　軍事の統率その他の任務に就く(539E-540A)。「彼らが経験の点でも、他の人々におくれをとることのないように」するとともに、現実世界の中で「さらにもう一度、あらゆる方向への誘惑に対して確固として自己の分を守りつづけるか」どうかが試される。

五〇歳以後　〈善〉のイデアの観得と哲人王支配(540A-B)。これまですべての面で最もすぐれていることを示した者たちを、①哲学の最終段階として〈善〉のイデアの観得に向かわせる。そして、〈善〉のイデアを観てとったならば、②「大部分の期間は哲学することに過しながら」、各人が順番に国の政治の仕事に苦労をささげ、国家のために支配の任につく。

エピローグ

『国家』という著作全体から見れば、これまでたどってきたのは、問題考察のモデルとしての理想国家の建設という、むしろそのわずかな部分でしかない。しかも、その間の自在な対話の中に盛り込まれた豊かな内実の多くを端折りながら、かろうじて道筋をつけてきただけにすぎないようだ。しかも、当初の目論見としては、「国家」論はわれわれ各自の生を律する「正義」の実相を拡大したかたちで見てとるための思考装置として導入されたものであった。しかし、やがてそれ自体がむしろ主題化され、いわば議論全体を支える幹にまで生長していく仕方で対話は進められる。そこに大きな枝のように、正義論、哲学論、教育論、魂論ないし人間論などが配され、それぞれが固有の大きな議論として伸び広がりながら、この著作全体をなしていると見ることができよう。『国家』という表題がプラトン自身によって付されたものであることも頷ける。

言葉の上での国家建設のプロセスには、通念を逆撫でするような、奇抜と思われるアイディアが次々と打ち出され、われわれの思考を揺さぶりつづける。逆説に満ちたソクラテスの議論についていくことは容易ではないが、しかし一種の「ユートピア文学」としても、その面白さは格別である。実際、本書には昔からそういう読み方をされてきた歴史もある。

むろん空想的な飛躍そのものがプラトンの意図ではない。彼の狙いは、そのようにして現実的制約をできる限り取り払い、思考を最大限に自由に展開しうる時空を設定して、それまでに重ねてきた考察の最も先鋭的な要素のすべてをその中に投入してみること、そしてそれらが純粋条件の中でどのような反応を示すかを追ってみることにあったのだろう。対話の流れを理想的な国家建設という主題へとたくみに導くことで、その大胆な思考実験の中に対話相手をも(そしてわれわれ読み手たちをも)自然に巻き込んでいく。

プラトンにとって最も試みたかったのは、やはり「哲人王」をそこに登場させてみることであったにちがいない。その構想はすでに『国家』に先立って彼の中に醸成されていた。後年に書かれた『第七書簡』に語られている若き日の思想遍歴(324B 以下)を信ずるならば、彼は、当時のアテナイの転変してやまない政治状況の中で、ソクラテスの処刑という衝撃的な事件をはじめとして、無数の荒廃した現実を目にし、「結局のところ、現今のあらゆる国家には例外なく悪政が行なわれているという事態に気づかなければならなかった」と述べている。そして「何か途方もない方策を講じ、しかも幸運に恵まれるのでもなければ」その状況を脱することは不可能であるとして、その「何か途方もない方策」としてその頃すでに「正統的な哲学にほんとうに携わっている類《たぐ》いの者が国政の支配の座に就くか、あるいは現に諸国において政権を掌握している類いの者が、何か神の配剤のごときものによって、ほんとうに哲学するようになるかするまでは、人間の族が悪禍をまぬがれることはできないであろう」という考えに到達していた。

しかし、理想国家の建設が進むにつれて、その実現のためには、一方で国家の理念と運営の仕方を根幹から改めなければならなかったのと同様に、あるいはむしろそれ以上に、そもそも哲学とはいかなるものであり、いかにしてそれは学ばれうるかについて、まったく基礎からの議論固めが、むしろより大きな主題として浮かび上がってきたにちがいない。国家建設と一個の学としての哲学の構築は、まさに一体的な事柄として、この著作全体を途方もない壮大なプロジェクトたらしめている。それらはともに永遠の理想としてわれわれの前にありつづけるであろう。理想であるがゆえにこそ、限りない内実と意味を秘めたものとして。

参考文献

一 プラトン

原 典

最も標準的なものは、Oxford Classical Texts (OCT) シリーズに入っている

Burnet, J. (ed.), *Platonis opera*, 5 vols., Oxford, 1899-1906.

で、今日も版を重ねている。本書でも触れたように、刊行後ほぼ一〇〇年を経て同シリーズの新版の刊行が開始され、現在、次の二冊が既刊である。

Duke, E. A. et al. (eds.), *Platonis opera*, Tomus I (Tetralogia I-II), Oxford, 1995.

Slings, S. R., *Platonis rempublicam*, Oxford, 2003.

フランスの Collection des Universités de France, publiée sous le patronage de l'Association Guillaume Budé (ビュデ版) として出ている

Platon, *Oeuvres complètes*, Paris, 1920-1964.

は全一四巻二七分冊、M. Croiset, L. Robin, A. Dies らが各巻を担当し、Burnet 版より新しい校訂で、評価が高い。希・仏対訳、詳しい序文と注解が付されている。なお、それらのうち、『パイドン』『饗宴』『パイドロス』は P. Vicairre による改訂新版(1982-1983)に代わっている。

簡便な希・英対訳で古典作品の網羅を目指している Loeb Classical Library(ロウブ古典叢書)にも、ほぼプラトンの全著作が入っている(全一二分冊)。P. Shorey による『国家』、R. G. Bury による『法律』『ティマイオス』『書簡集』などが特に参照に値する。

近代語訳

F・シュライエルマッハーのドイツ語訳(一八〇四—一八二八年)は、今日では Rowohlts Klassiker シリーズ所収の

Wolf, U. (Hrsg), *Platon Sämtliche Werke*, Reinbek, 1994-2004.

によるのが簡便(全四巻)。これは同シリーズの旧版(E. Grassi 編、六分冊)を改訂したもので、従来と同様、一部は H. Müller 訳によって補完されている。

やはり一九世紀に出たB・ジョウエットの英訳全集(一八七一年)の現行版として、

Jowett, B., *The Dialogues of Plato*, 4 ed. (rev. by D. J. Allan & H. E. Dale), Oxford, 1953.

がある(全五巻)。

これらより新しい標準的な翻訳としては、上記のビュデ版やロウブ古典叢書の対訳のほかに、

Hamilton, H. & H. Cairns (eds.), *The Collected Dialogues of Plato*, New York, 1961; Princeton (N J), 1980.

Cooper, J. M. & D. S. Hutchinson (eds.), *Plato Complete Works*, Indianapolis, 1997.

の英訳全集(ともに全一冊)がある。いずれも二〇世紀の代表的な翻訳を集成したもので、簡便にして高水

準。ほかに、Penguin Classics (Hammondsworth, 1944-) 所収のものや Hackett から出ているプラトン・シリーズ (Indianapolis, 1974-) も、それぞれほぼ全作品が揃っており、またすぐれた翻訳が多い。

ドイツ語訳でシュライエルマッハー訳より新しいものとしては Felix Meiner から出ている Philosophische Bibliothek 中に

Apelt, O., *Platons Sämtliche Dialoge*, Leipzig, 1916-1926; Nachdr. Hamburg, 1993.

がある。フランス語訳としては Pléiade 版の

Robin, L., *Oeuvres complètes de Platon*, 2 vols., Paris, 1940; Paris, 1977.

が比較的よく読まれている。

邦訳

原典からの邦訳全集としては、

田中美知太郎・藤澤令夫編『プラトン全集』全一五巻・別巻(総索引)、岩波書店、一九七四—一九七八年。

が最良。ほかに、

岡田正三訳『プラトン全集』全一二巻、第一書房、一九三三年。のちに全国書房、一九四六年など。

山本光雄編『プラトン全集』全一〇巻・別巻、角川書店、一九七三—一九七七年。

があったが、現在は絶版。

京都大学学術出版会の「西洋古典叢書」中のプラトンは現在二冊が刊行されたところだが、将来的には著作年代順編集による全集を目指している。また岩波文庫、新潮文庫、角川文庫を併せると、全著作の半数ほどが出ており、さらに最近はちくま学芸文庫、講談社学術文庫、光文社古典新訳文庫からも新しい邦

訳の刊行が進められている。『国家』は藤澤令夫訳が岩波文庫から上・下二分冊で出ており、本書での引用はこれに拠っている。

二　プラトン研究文献

邦語文献ないし邦訳のある文献を中心に挙げる。

生涯と著作

田中美知太郎『プラトン』全四巻、岩波書店、一九七九―一九八四年。

のうちの『プラトンI　生涯と著作』は、精緻な文献研究に支えられた叙述で、内容も充実豊富。

Bluck, R. S., *Plato's Life and Thought*, London, 1949.〔R・S・ブラック『プラトン入門』内山勝利訳、岩波文庫、一九九二年〕

はコンパクトだが、「第一部」の生涯についての記述は要を得ている。また「第二部」における主要な「対話篇」の個別的概説も入門的には有益である。比較的新しいものとして、

Guthrie, W. K. C., *A History of Greek Philosophy*, vol. 4: *Plato The Man and his Dialogues / Earlier Period*, Cambridge, 1975.

を挙げておく。生涯および著作年代順などの問題について、八―六六頁で論じられている。

文体統計法による著作年代推定のきっかけとなったのは、

Campbell, L., *The Sophistes and Politicus of Plato*, Oxford, 1867; repr. Salem, 1988.

で、それ以来の活発な議論も、二〇世紀半ばには、その限界も含めて、ほぼ沈静化したが、さらにその後

コンピュータによるさらに精緻な統計処理にもとづいた成果として、

Ledger, G. R., *Re-counting Plato: A Computer Analysis of Plato's Style*, Oxford, 1989.

Brandwood, L., *The Chronology of Plato's Dialogues*, Cambridge, 1990.

があり、若干の著作の年代順や真偽問題に新たな一石を投じた。

なお、プラトンに関連した古代の伝記的著作として、

ディオゲネス・ラエルティオス『ギリシア哲学者列伝』全三冊、加来彰俊訳、岩波文庫、一九八四—一九九四年。

プルタルコス『プルターク英雄伝』全一二冊、河野与一訳、岩波文庫、一九五二—一九五六年。

がある。前者の第二巻第五章がソクラテス、第三巻全体がプラトンに充てられている(ともに邦訳上巻所収)。また後者のうちの「ディオーン伝」(第一一分冊)および「ティーモレオーン伝」(第四分冊)は、プラトンが関わったシケリア問題についての重要な資料となっている。

総説的研究書

田中美知太郎『プラトン』全四巻、岩波書店、一九七九—一九八四年。

は先にも挙げたが、『プラトンII　哲学(1)』『プラトンIII　哲学(2)』『プラトンIV　政治理論』のいずれも丹念な叙述でプラトンの思想を深く捉えていて、裨益されるところが多い。

藤澤令夫『プラトンの哲学』岩波新書、一九九八年。

はプラトン哲学の核心を鮮やかに捉えている。

納富信留『プラトン——哲学者とは何か』日本放送出版協会、二〇〇二年。

は「ソクラテス体験」を基底としたプラトン哲学の確立とその内実を鮮明に論じている。

Annas, J., *Plato: A Very Short Introduction*, Oxford, 2003.〔J・アナス『一冊でわかる　プラトン』大草輝政訳、岩波書店、二〇〇八年〕

は「プラトンと議論する」ことを基調とした刺激的な入門書。

先にも挙げたW. K. C. Guthrie, *A History of Greek Philosophy*, vol. 4と

vol. 5: *The Later Plato and the Academy*, Cambridge, 1978.

は包括的なプラトン研究書として今日も重要で、各「対話篇」の適切な論点総括とともに、刊行時点までの研究状況の批判的サーヴェイが有益である。その後に出た研究入門的な論集として、

Kraut, R. (ed.), *The Cambridge Companion to Plato*, Cambridge, 1992.

を挙げておく。一四人の寄稿者が知識論、イデア論、エロース論、倫理学、宗教論など主要分野ごとに論じている。「文献案内」も詳しい。

アカデメイアとそれをめぐる当時の教育・学術の状況については、

廣川洋一『プラトンの学園アカデメイア』岩波書店、一九八〇年。講談社学術文庫、一九九九年。

――『イソクラテスの修辞学校――西欧的教養の源泉』岩波書店、一九八四年。講談社学術文庫、二〇〇五年。

が好著。

なお、本書でやや立ち入って論じた事柄として、「対話篇」という著作スタイルおよび著作ということをめぐるプラトンの否定的態度の問題があったが、それについては、まず、

Seeskin, K., *Dialogue and Discovery: A Study in Socratic Method*, Albany, 1987.

Griswold Jr., C. L. (ed.), *Platonic Writing / Platonic Reading*, New York, 1988.

を参照されたい。

内山勝利『対話という思想——プラトンの方法叙説』岩波書店、二〇〇四年。

もその問題を主題的に扱っている。

また、この問題にも関連して、やや特殊なプラトン解釈として「書かれざる教説」に焦点を当てた「テュービンゲン学派」の議論には、

Szlezak, Th., *Platon lesen*, Stuttgart-Bad Cannstatt, 1993.〔T・スレザーク『プラトンを読むために』内山勝利ほか訳、岩波書店、二〇〇二年〕

がある。

三　『国　家』

原典・注解・翻訳

すでに挙げた「全集」所収のもののほかに、『国家』について特に重要なものを若干加えておく。

Adam, J. (ed.), *The Republic of Plato, Edited with Critical Notes, Commentary and Appendices*, 2nd ed. with a New Introduction by D. A. Rees, 2 vols., Cambridge, 1963.

一九〇二年に初版が出た本書は、今日もなお最良のテクスト付き注解書である。また、

Vegetti, M. (ed.), *Platone La Repubblica*, traduzione e commento a cura di Mario Vegetti, 7 vols., Napoli, 1998-2007.

は Adam 以降最初の、そして最新の本格的な注解書(イタリア語)。

英国圏で今も広く読まれているものに、

Cornford, F. M., *The Republic of Plato*, translated with introduction and notes, Oxford, 1941.

があり、今日ではペーパーバックでも入手容易。

最近の特にすぐれた翻訳として、

Griffith, T., *Plato The Republic*, ed. by G. R. F. Ferrari, Cambridge, 2000.

Reeve, C. D. C., *Plato Republic*, 3rd rev. ed., Indianapolis, 2004.

が挙げられる。

上記「全集」に所収のもの以外の『国家』邦訳・注解として、「東海大学古典叢書」に

長澤信壽『プラトーン国家』I—III、東海大学出版会、一九七三—一九七四年。

がある(OCT の Burnet 版テクストと対訳)。

総説的研究書

Nettleship, R. L., *Lectures on the Republic of Plato*, London, 1901.

———, *The Theory of Education in Plato's Republic*, Oxford, 1935.〔R・L・ネトゥルシップ『プラトンの教育論』岩本光悦訳、法律文化社、一九八一年〕

は古いものだが、今も有益な示唆に富む。

Murphy, N. R., *The Interpretation of Plato's Republic*, Oxford, 1951.

Cross, R. C. C. & A. D. Woozley, *Plato's Republic: A Philosophical Commentary*, London, 1963.

は分析的手法で『国家』を論じた、二〇世紀半ばの代表的研究書。「三つの比喩」についてもたんねんな分析がなされている。その後のものとして、

Annas, J., *An Introduction to Plato's Republic*, Oxford, 1981.

Klosko, G., *The Development of Plato's Political Theory*, New York, 1986.

Reeve, C. D., *Philosopher-Kings: The Argument of Plato's Republic*, Princeton, 1988.
Ferrari, G. R. F., *City and Soul in Plato's Republic*, St. Augustin, 2003.

などに新たな問題提起が鮮明。また最近いくつかの論集が編まれている。

Kraut, R. (ed.), *Critical Essays on Plato's Republic*, Lanham / Maryland, 1997.
Santas, G. (ed.), *The Blackwell Guide to Plato's Republic*, Malden (MA) / Oxford, 2006.
Ferrari, G. R. F. (ed.), *The Cambridge Companion to Plato's Republic*, Cambridge, 2007.

邦語による研究書で『国家』を中心に纏められたものとして、最近相次いで以下のようなものが出ている。

天野正幸『正義と幸福——プラトンの倫理思想』東京大学出版会、二〇〇六年。
野村秀世『プラトンの正義論』東海大学出版会、二〇〇八年。
高橋雅人『プラトン『国家』における正義と自由』知泉書館、二〇一〇年。
朴一功『魂の正義——プラトン倫理学の視座』京都大学学術出版会、二〇一〇年。

受容史

本書の第I部第四章で触れた著作や関連した著作のうち、若干のものを年代順に挙げておく。

Grote, G., *A History of Greece: From the Earliest Period to the Close of the Generation Contemporary with Alexander the Great*, 10 vols., London, 1846-1856.
———, *Plato and the Other Companions of Sokrates*, London, 1867.

両著とも、今日では Cambridge Library Collection など多数の版が出ている。

Hildebrandt, K., *Platon. Der Kampf des Geistes um die Macht*, Berlin, 1933.

Fite, W., *The Platonic Legend*, New York / London, 1934.
Crossman, R. H. S., *Plato Today*, London, 1939.
Farrington, B., *Science and Politics in the Ancient World*, London, 1940.
Popper, K., *The Open Society and its Enemies*, Part I, London, 1945.〔カール・R・ポパー『開かれた社会とその敵　第一部　プラトンの呪文』内田詔夫・小河原誠訳、未来社、一九八〇年（原著の一九五〇年版による）〕
Levinson, R. B., *In Defense of Plato*, Cambridge (MA), 1953.

近現代における政治と国家をめぐる状況の中でのプラトン像を的確に展望したものとして、

佐々木毅『プラトンの呪詛──二十世紀の哲学と政治』講談社、一九九八年。講談社学術文庫、二〇〇〇年。

がある。

納富信留『プラトン　理想国の現在』慶應義塾大学出版会、二〇一二年。

は、『国家』がいかに読まれてきたか、いかに読まれるべきかについて、多面的・包括的な考察を展開している。特にわが国における『国家』の受容史・翻訳史の精査は貴重。

あとがき

もう一〇年以上前のことだが、「岩波文庫の三冊」というアンケートを求められたとき、その一冊にプラトンの『国家』を入れて、コメントに「ときには精神の遠泳を」と付した覚えがある。これはむしろ自分自身へ向けての言葉であった。研究的にはこの作品のあちこちを繰り返し開くことになるのは当然だが、実のところ、原典で全体を読み通すという機会はなかなか持てないでいる。筆者がいまだギリシア語の初級文法も覚束ない学部生だった頃から、数年にわたって、若き日の藤澤令夫先生のきびしい演習授業であらかたを読んでいただき、その後何年も遅れて提出した修士論文作成までにもう一度一人で読み終えたが、今度がそれ以来のことだった。当時はまだ出ていなかった藤澤先生の名訳を傍らに、プラトンのギリシア語をたどる時間はまさに「精神の遠泳」気分だったが、いざそれを書き纏めようとすると、着手すら容易なことでなかった。あれこれ思案のあげく、結局のところ、ソクラテスの「言論による国家建設」の過程を愚直に後追いすることしかできなかったが、少しでも著者プラトンがここで語ろうとしたことの本意を剔出することができているとすれば、さしあたりはそれで満足したいと思う。
なお、本書の第I部第三章「プラトン著作の伝承」は、京都大学附属図書館報『静脩』四〇‐二（二〇〇三年）に寄稿した「「ステファヌス版」以前以後――『プラトン著作集』の伝承史から」を改稿したものである。

＊

約束の期限を大幅に遅らせてしまったことについて、とりわけ岩波書店編集部の杉田守康さんには幾重にもお詫びしなければならない。それにもかかわらず、辛抱強くつき合ってくださり、何とか仕上がりに漕ぎつけるところまで、万事にご高配と多くの示唆をいただいたことに、今一度感謝申し上げます。

二〇一三年七月

内山勝利

著者紹介
内山勝利
1942年，兵庫県生まれ．1975年，京都大学大学院文学研究科博士課程単位満了後退学．現在，京都大学名誉教授．古代ギリシア哲学専攻．
（主要著訳書）
『哲学の初源へ——ギリシア思想論集』（世界思想社）
『対話という思想——プラトンの方法叙説』（岩波書店）
『哲学の歴史』（共編，全12巻＋別巻，中央公論新社）
『ソクラテス以前哲学者断片集』（編・共訳，全5巻＋別巻，岩波書店）
クセノポン『ソクラテス言行録』Ⅰ（訳，京都大学学術出版会）

書物誕生——あたらしい古典入門
プラトン『国家』——逆説のユートピア

2013年8月29日　第1刷発行

著　者　内山勝利《うちやまかつとし》

発行者　岡本　厚

発行所　株式会社　岩波書店
〒101-8002 東京都千代田区一ツ橋2-5-5
電話案内 03-5210-4000
http://www.iwanami.co.jp/

印刷・法令印刷　カバー・半七印刷　製本・牧製本

ISBN 978-4-00-028281-9　Printed in Japan